Tattiche di comunicazione

Come costruire relazioni di successo attraverso la comunicazione efficace

MAURIZIO AMATI

CONTENUTI

Disclaimer

Salve, grazie per aver acquistato questo volume. Innanzitutto, prima che vi addentriate nella lettura, è mio dovere informarvi che questo lavoro ha un puro scopo divulgativo e informativo. Esso non è scritto per sostituire il parere di uno psicologo o di un altro consulente professionale. In questo libro espongo unicamente le mie opinioni sul tema della comunicazione interpersonale, frutto di riflessioni personali e della esperienza che nasce dal confronto e dall'ascolto di persone e di casi concreti e reali.

Malgrado i miei sforzi per rendere un italiano comprensibile e corretto, è possibile che mi siano sfuggiti errori di forma e/o grammaticali, in tal scaso spero mi perdonerete.

Inoltre, questo volume non ha la pretesa di essere completo o di esaurire la trattazione di un campo delle relazioni umane così vasto e articolato; né tantomeno vuole costituire la vostra unica guida o riferimento ad un argomento tanto complesso.

Per tali motivi non posso assumere alcuna responsabilità, né diretta né indiretta, nei confronti di persone o cose che possano ricevere danno o nocumento di qualunque genere in relazione ai contenuti del presente lavoro.

I contenuti di questo libro non possono essere riprodotti, duplicati, modificati o trasmessi in alcun modo, né in formato elettronico né a mezzo stampa, senza l'esplicito consenso dell'autore.

Introduzione

Di cosa parlo in questo libro

Un saluto a tutti coloro che iniziano la lettura, vorrei innanzitutto ringraziavi per avermi accordato la vostra fiducia, il vostro tempo e la vostra attenzione impegnandovi nella lettura di questo libro.

In queste brevi righe vorrei chiarire qual è l'argomento e lo scopo di questo volume che state leggendo.

La prima cosa che tengo a dire è che il titolo del libro "Tattiche di comunicazione" fa riferimento all'insegnamento di tutte quelle modalità tecniche per imparare a comunicare in maniera efficace.

Da studioso e appassionato della comunicazione a tutto tondo, desideravo innanzitutto mettere in comune con voi (appunto comunicare) quanto ho appreso nel corso di anni di studi e ricerche e nella mia attività di consulente in questo affascinante campo di studio; in modo particolare vorrei par partecipe i lettori di quanto essa sia fondamentale, ancor più oggi rispetto a qualche anno fa.

Per tale motivo in questo lavoro cercherò, sperando almeno in parte, di riuscirci, ad illustrarvi quelle che ho definito "Tattiche di comunicazione", ossia tutte le tecniche e le modalità operative che ispirandosi al principio della comunicazione efficace vi porteranno a diventare dei buoni comunicatori e vi metteranno in grado di migliorare in maniera decisiva la vostra vita di relazione.

Proprio oggi, in un mondo nel quale sembra che tutti noi viviamo ormai incollati per diverse ore ogni giorno al nostro smartphone, che ci consente una potenzialità comunicativa potenzialmente illimitata quanto sottovalutata.

Infatti nessuno di noi può oggi permettersi di ignorare i concetti e i principi che stanno alla base di una corretta gestione del nostro flusso comunicativo verso i nostri simili, in altre parole, se vogliamo evitare di essere marginalizzati e relegati ad un ruolo di spettatori della sempre più rapida evoluzione del nostro vivere in comunità, dobbiamo essere in grado di comprendere e padroneggiare i concetti e le pratiche che stanno alla base di una corretta ed efficace interazione con i nostri simili.

Nel corso del libro cercherò di definire con chiarezza

cosa si intenda per comunicazione efficace; per adesso vorrei soltanto anticipare a grandi linee il suo contenuto e le aree che andremo ad approfondire maggiormente.

Innanzitutto, vorrei chiarire che in questo libro cercherò di affrontare e chiarire quanto ho avuto modo di apprendere su tutto ciò che concerne il processo comunicativo *di persona* ossia il rapporto comunicativo che si stabilisce tra due o più persone quando essi siano entrambi *in presenza* (come diciamo oggi dopo la difficile esperienza della pandemia che ha in parte sconvolto le nostre abitudini comunicative) ossia fisicamente nello stesso luogo o molto vicini tra loro.

Poiché penso che meritino una trattazione a parte, affronterò solo superficialmente le problematiche e le implicazioni connesse alla comunicazione a distanza o remota, sia essa quella tradizionale, per mezzo del telefono, che quella legata alla sempre maggiore pervasività delle comunicazioni digitali online attraverso internet e all'utilizzo dei nuovi canali mediatici ad esso legati (Podcast, YouTube, i vari social media e simili). Mi riprometto infatti al più presto di dedicare un intero volume per cercare di trattare al meglio queste nuove modalità espressive e comunicative.

Partiremo, come detto, dal chiarire in che cosa consista l'atto comunicativo, che cosa si intenda per comunicazione e qual è il suo scopo; successivamente andrò a parlarvi della comunicazione in relazione al nostro vivere nella comunità umana, in relazione appunto a quelle che sono chiamate *Abilità sociali,* cercando di individuare e possibilmente aiutarvi a risolvere i problemi e gli ostacoli che possono ostacolare una corretta comunicazione, come ad esempio l'introversione o la timidezza e di sottolinearne le somiglianze e le differenze.

Quindi cercherò di chiarire l'enorme importanza della comunicazione non verbale e del linguaggio del corpo, delle differenze e delle affinità tra comunicazione verbale e non verbale.

Dedicherò quindi due capitoli all'abilità dell'ascolto e cercherò di evidenziare come migliorando l'ascolto si riesca a migliorare moltissimo l'efficacia del nostro modo di comunicare.

Esaminerò successivamente le particolarità della comunicazione in ambito lavorativo e professionale soffermandomi sui motivi per cui la padronanza delle tecniche comunicative più efficaci sia fondamentale per chiunque voglia avere successo o voglia progredire nel proprio lavoro e nel proprio ambito professionale.

Andrò quindi a parlare di quella che definisco una vera e propria arte nell'ambito della comunicazione interpersonale, cioè la conversazione, così utile per mantenere e ampliare la nostra rete di relazioni sociali e la nostra interazione con il partner, i familiari, i colleghi, gli amici, e di come questa abilità possa aiutarci a trasformare i semplici conoscenti in qualcosa di più importante.

In ultima analisi cercherò di dare indicazioni che vi aiutino ad affrontare e superare situazioni comunicative non semplici, come quelle con persone che per un motivo o per l'altro non sono ben disposte nei vostri confronti e del vostro modo di pensare e di essere.

Ho cercato di essere sempre quanto più concreto possibile, di dare indicazioni e consigli pratici e tratti da osservazioni e considerazioni basate sul mondo reale, e di non perdermi in trattazioni astratte o teoriche che scarsa o nulla utilità avrebbero avuto sul miglioramento del vostro modo di comunicare, che, in fin dei conti credo debba essere il vero e più importante scopo di questo libro.

Spero soltanto di essere riuscito, anche soltanto in parte nell'intento di avervi reso padroni delle "Tattiche di comunicazione" e vi esorto a rimanere in contatto con me per fornirmi tutte le vostre impressioni, valutazioni ed eventualmente le vostre critiche in merito a questo lavoro.

Che cos'è la comunicazione e perché è così importante

Tutti noi abbiamo ben chiaro che cosa si intenda nel linguaggio generico parlando di comunicazione, sappiamo che è una delle attività primarie e fondamentali dell'essere umano e abbiamo ben presente che si tratta di un'attività talmente importante da costituire una delle prime forme di interazione che si stabilisce tra la madre ed il figlio, sin da quando, ancora neonato egli cerca di decifrare il significato dei suoni e delle parole affettuose che la madre gli rivolge. Anzi, possiamo tranquillamente affermare che una prima ed elementare forma di comunicazione tra madre e figlio si stabilisce addirittura prima della nascita, come ben sanno tutte le madri che hanno dato al mondo un bambino o una bambina.

Sappiamo anche che l'attività del comunicare è presente anche nel mondo animale. Moltissimi dei comportamenti delle tantissime specie appartenenti al mondo animale sono classificabili come attività di comunicazione, con le quali i membri di una determinata comunità si scambiano informazioni e messaggi spesso vitali per la sopravvivenza e la continuazione della specie.

Nel corso di questo lavoro ci riferiamo in particolare alla comunicazione interpersonale, quel genere di comunicazione tra gli esseri umani che ha come scopo essenzialmente quello di trasmettere messaggi e informazioni.
Essa viene usata per diffondere idee, pensieri, sentimenti, emozioni, necessità e, in generale tutti i concetti che desideriamo siano percepiti e compresi dal nostro prossimo.

Perché questa trasmissione avvenga, presupponiamo che nell'azione di comunicare siano sempre presenti un *mittente* e un *destinatario* e, ovviamente il messaggio stesso che si intende trasmettere

Possiamo distinguere diverse forme di comunicazione; due livelli fondamentali di essa, ossia comunicazione *verbale* e *non verbale*, anche se questa distinzione costituisce sicuramente una semplificazione delle infinite sfaccettature in cui si articola la comunicazione tra due o più esseri umani.

Dunque, parliamo di comunicazione verbale quando il messaggio viene trasferito attraverso la parola, con la quale riusciamo a trasmetterlo con un atto intenzionale e consapevole da un individuo all'altro.

Questa prima forma costituisce quella che di solito curiamo di più, quella a cui attribuiamo maggiore importanza, che articoliamo per mezzo del linguaggio, e che adattiamo in maniera intenzionale al nostro interlocutore, ad esempio usando una forma forbita e complessa, oppure un linguaggio informale e colloquiale. In entrambi i casi, se parliamo di comunicazione efficace, cerchiamo sempre di rendere comprensibile il nostro messaggio e di suscitare l'interesse del nostro interlocutore.

Comunemente la comunicazione verbale viene identificata come il primo livello della comunicazione, quello più evidente ed esplicito.

Il secondo livello della comunicazione è quello non verbale, caratteristico anche del comportamento animale, e che si caratterizza nel fatto che il messaggio viene trasmesso per mezzo del nostro corpo, nella mimica facciale, negli sguardi, negli atteggiamenti, nella postura, nella posizione nello spazio, nell'uso delle mani ossia nella gestualità, ma anche nel tono della voce e nella sua intensità. Nell'intonazione e nelle pause del nostro discorso, e persino in assenza di comunicazione verbale, nelle pause, nei silenzi, per mezzo dei quali spesso viene trasmessa la parte più importante e significativa del nostro messaggio.

La maggioranza degli esperti, come accennavo prima,

sembrano concordare nell'attribuire al linguaggio non verbale un'importanza addirittura superiore a quella della comunicazione verbale, specialmente nel caso di messaggio discordante tra i due diversi livelli di comunicazione. Spesso, infatti, il messaggio che riceviamo più chiaramente e a cui attribuiamo un peso maggiore è quello che viene trasmesso dal nostro corpo.

In effetti quest'ultimo viene usato o per rafforzare il contenuto del messaggio verbale o per ribaltarlo completamente, negandolo del tutto e acquisendo in tal modo una reale preminenza rispetto alla comunicazione verbale.

Entrambi i livelli rendono possibile l'interazione umana, la vita nelle nostre comunità e nella società. Pensiamo ad esempio alla trasmissione di concetti elementari e legati alla sopravvivenza, ad esempio dove si trova il cibo, o alla trasmissione di segnali di allarme, relativi, ad un pericolo.

Se guardiamo inoltre alla nostra società, considerata nella sua interezza, è più facile comprendere lo scopo della comunicazione interpersonale considerando l'individuo come parte di un tutto più complesso e articolato.

Possiamo quindi ribadire che comunicazione è un'attività umana tra le più importanti. Se ci chiediamo il perché, pensiamo ad una situazione, ad esempio in una comunità di persone, sia essa di colleghi di lavoro, un'assemblea politica o religiosa, o di qualsiasi altra natura, in cui la comunicazione sia debole o inefficace.

I pensieri e le idee non vengono condivise, le soluzioni ai problemi non vengono diffuse o vengono diffuse in maniera distorta, le singole persone possono essere portate a pensare che, poiché si conoscono tutti, non vi sia la necessità di discutere sui fatti e gli avvenimenti che coinvolgono la comunità; siano esse di natura positiva o negativa.

La comunicazione è invece un'esigenza vitale, sia per diffondere le conoscenze, per imparare l'un l'altro, per progredire, ma anche come sfogo necessario, come momento di comunione e condivisione delle esperienze, sia a livello individuale che collettivo.

È di vitale importanza, anche dal punto di vista psicologico e di sviluppo individuale, discutere le diverse opinioni, i fatti, le circostanze della vita di tutti noi, così come è necessario collaborare con gli altri per trovare le migliori risposte da fornire ai fatti e alle circostanze che ci coinvolgono.

Coloro che utilizzeranno meglio la comunicazione quindi giocheranno un ruolo fondamentale, saranno in posizione di vantaggio e si troveranno di volta in volta a fornire pareri e opinioni personali, che influenzeranno in maniera significativa la comunità, così come spesso riusciranno a fornire un valido supporto emotivo sia attraverso l'ascolto attivo, sia facendoci riflettere, contribuendo a farci cambiare opinione o visione del mondo, fornendo soluzioni alternative ai problemi, e alla fine, collaborando col trovare le soluzioni più appropriate ai problemi che si presentano costantemente nella vita di tutte le collettività umane.

Nella mia esperienza di studioso della comunicazione in tutte le sue forme e nei numerosi ambiti in cui essa si dispiega, mi sono accorto che, come accennato in precedenza, un'altra fondamentale funzione viene svolta a livello individuale, in quanto aiuta noi individui a conoscerci meglio, ad esprimere il nostro talento e ad identificare i nostri limiti, a fare tesoro anche delle esperienze degli altri, specialmente attraverso il confronto con persone più esperte o mature, che ci devono aiutare a superare i nostri limiti e a ricoprire nel miglior modo possibile il nostro ruolo all'interno delle comunità di cui facciamo parte.

La comunicazione ci consente di aprire i nostri occhi e la nostra mente!

Mi è anche capitato spesso di riscontrare che molte persone preferiscono non comunicare con gli altri e tenere i propri pensieri e le proprie idee soltanto per sé. In questo modo purtroppo si finisce per nascondere i problemi anche a sé stessi, cercando di dimenticarli e rimuoverli per evitare di affrontarli e risolverli.

Peccato che prima o poi tutti i nodi vengano al pettine e i anche problemi si ripresentino puntualmente con eguale o ancora maggiore gravità e urgenza.

Tutto ciò finisce per creare un sentimento di frustrazione tipico delle personalità che adottano, consapevolmente o no, questo atteggiamento e che le rende quasi incapaci di fronteggiare le varie situazioni, alla mercé delle circostanze che via via si presentano e che spesso finiscono per sopraffarli, rendendoli persone sempre più deboli, incapaci di reagire alla vita e agli avvenimenti, e li espongono alla mercé degli altri, i quali non sempre sono animati da buone intenzioni.

Comunicazione Efficace

Prima di entrare nel merito dell'argomento del libro e cioè capire che cosa si intenda per comunicazione efficace, vorrei chiarire perché dovremmo essere dei capaci comunicatori e in che modo possiamo diventarlo, ma soprattutto cosa intendiamo però quando parliamo di comunicazione efficace e qual è il suo scopo?

Per introdurre il concetto possiamo definire la comunicazione efficace come la capacità di trasmettere informazioni e idee in modo chiaro, facilmente comprensibile e attuabile, realizzata attraverso l'utilizzo di una varietà di mezzi, come il linguaggio parlato o scritto, segnali non verbali e altre forme di espressione. Essa dovrebbe inoltre anche essere tempestiva e pertinente al contesto nel quale viene utilizzata. Implica anche buone capacità di ascolto, che si realizzano attraverso il cosiddetto ascolto attivo, nonché la capacità di comprendere i bisogni e le prospettive degli altri e rispondere ad esse in modo appropriato ed efficace.

Si tratta di un'abilità chiave sia nei contesti di tipo personale che in quelli più schiettamente professionali e può contribuire a stabilire migliori relazioni tra le persone, una maggiore

produttività e in ultima analisi maggiore probabilità di successo in tutti gli ambiti nei quali viene utilizzata, proprio perché aiutando a creare fiducia, essa risulta fondamentale per la risoluzione dei conflitti e per creare un ambiente di lavoro positivo.

Possiamo affermare che La comunicazione efficace è essenziale per costruire e mantenere relazioni, raggiungere gli obiettivi prefissati e promuovere la comprensione tra le persone.

Ulteriori elementi di quella che chiamiamo comunicazione efficace, sono la considerazione del feedback da parte dei riceventi il messaggio e la capacità di adattare e variare le strategie di comunicazione secondo le necessità.

Non temete, avremo modo di chiarire nel seguito del libro tutti i concetti e le definizioni appena espresse.

Per adesso vorrei sottolineare che concetto di efficacia ci permette di considerare l'effetto della comunicazione in relazione al raggiungimento di un determinato obiettivo che ci siamo prefissati.

Il nostro obiettivo può anche consistere semplicemente nel trasmettere le informazioni di cui disponiamo ad un mondo più vasto e ad una molteplicità di altre persone senza perderne il significato, o riducendo al minimo questa perdita.

Per far sì che questo avvenga, la nostra comunicazione deve essere convincente, dobbiamo essere in grado di trasmettere in maniera davvero efficiente le nostre idee e i nostri argomenti e dobbiamo assicurarci che il nostro messaggio venga compreso correttamente dal ricevente.

Per chiarire ancor meglio questo concetto che si ricollega in profondità all'essenza stessa della comunicazione interpersonale, forse è più utile considerare inizialmente quali possono essere i problemi che possono ostacolare l'efficacia stessa della comunicazione.

Se consideriamo quindi quelli che possono essere gli ostacoli ad un corretto processo comunicativo, scopriremo che esso può essere minato ad esempio dalle differenze culturali tra le persone, quali le differenze di classe sociale, di estrazione culturale, di educazione, di lingua, o da differenze razziali, di sesso e di età che possono limitare l'empatia e la possibilità di comprendersi reciprocamente senza possibilità di equivoco.

In questi casi l'interazione tra due soggetti sarà inevitabilmente influenzata dal differente modo di pensare, di sentire e di agire. È importante tenere a mente l'influenza delle diversità individuali e cercare per quanto possibile di identificare e tenere presenti questi fattori allo scopo di limitarli al massimo.

I problemi di comunicazione sono ancor più

penalizzanti quando si manifestano in persone la cui natura della loro professione si basa essenzialmente su di essa. Possiamo immaginare un avvocato, un consulente o anche lo stesso psicologo, alle prese con problemi comunicativi? È chiaro che per chiunque, in qualunque professione si sia coinvolti, una comunicazione inadeguata costituisce un grave limite, ma per talune di esse, la necessità di una comunicazione efficace è assoluta e prioritaria.

Tornando al caso generale posso affermare che imparare a comunicare efficacemente offre una serie di incalcolabili vantaggi a ciascuno di noi, sia dal lato personale che dal lato professionale della nostra vita. Coloro che sono realmente in grado di comunicare efficacemente con gli altri infatti:

1. Riescono a raggiungere più facilmente e più velocemente gli obbiettivi che si sono proposti.

2. Riescono a godere maggiormente delle gioie della vita e riescono a condurre una vita più serena e con minori preoccupazioni, poiché la maniera con cui interagiamo con gli altri inevitabilmente influenza il nostro stato emozionale e mentale. Una modalità serena e creativa di interazione contribuisce a ridurre di molto il nostro livello di stress e, in ultima analisi, ci fa sentire meglio.

3. Si coordinano in maniera più semplice e

costruttiva con le altre persone con le quali sono in relazione. La convivenza e l'attività lavorativa con persone con le quali vi è una buona comunicazione sono molto più appaganti e ricche di soddisfazioni. Inoltre, più riusciremo a comprendere i sentimenti, i desideri e le necessità altrui, più chiaramente gli altri, incluso noi stessi, riconosceranno e comprenderanno le nostre.

4. Godono di un maggiore rispetto nella comunità con cui interagiscono. Infatti, una migliore comunicazione di solito ispira un'attività di imitazione delle altre persone nei nostri confronti. Ad esempio, se ci comportiamo in maniera corretta e rispettosa verso gli altri e lo comunichiamo in maniera efficace, è molto probabile che verremo ricambiati con lo stesso tipo di atteggiamento positivo.

5. Riconoscono e gestiscono gli inevitabili conflitti che possono sorgere da differenti interessi, modi di pensare, da divergenti necessità e valutazioni, in maniera maggiormente costruttiva incoraggiando la cooperazione anziché il confronto. In questa maniera conseguono, cooperando con gli altri risultati che, da soli, non sarebbero mai riusciti a raggiungere.

6. Raggiungono un contatto più sincero ed empatico con il prossimo: l'ascolto attento e la

sincera apertura verso familiari, amici, colleghi ed anche semplici sconosciuti, ci consentono di entrare in contatto meglio e ad un livello più profondo, con noi stessi e con gli altri.

7. Generalmente godono anche di una migliore salute fisica: il sostegno emotivo che è alla base di una buona relazione comunicativa con gli altri è anche alla base anche di una minore predisposizione ai problemi di salute.

Ma come diventare un comunicatore efficace? Mi sento di affermare sin da adesso che tutti possono imparare a diventare ottimi comunicatori; si tratta essenzialmente di un'abilità come tutte le altre abilità umane: proprio come andare in bicicletta, guidare, o imparare a pilotare un aereo. E proprio come tutte le abilità che l'uomo acquisisce nel corso della sua vita, la comunicazione efficace si apprende mettendola in pratica, e migliorandola continuamente con l'esercizio costante e ripetuto.

L'acquisizione delle abilità attraverso l'esperienza e l'esercizio può sembrare una strada difficile ed impervia, ma posso affermare che si tratta sicuramente del miglior modo possibile per interiorizzare e fare proprie abilità e conoscenze nuove. Ritornando al tema specifico della comunicazione, purtroppo non vi sono scorciatoie per imparare a comunicare in maniera migliore e per creare relazioni positive sia con noi stessi che con il nostro prossimo. Buoni comunicatori non si nasce, ma si diventa e posso affermare che se persino alcune capacità artistiche si possono acquisire attraverso l'apprendimento, a maggior ragione comprenderemo che l'acquisizione delle abilità comunicative è un processo possibile e alla portata di ognuno di noi.

È importante, a questo punto considerare anche la condizione e le azioni del ricevente o dei riceventi il messaggio.
Una corretta ricezione, dal lato del ricevente non è priva di sforzo ed un certo grado di impegno è fondamentale e deve caratterizzare un ascolto attento e consapevole che potremmo anche definire come *"Ascolto attivo"*. Esso risulta fondamentale per una corretta interpretazione del messaggio.

Vi è mai capitato, ad esempio di ascoltare distrattamente il vostro interlocutore e poi accorgervi di non essere in grado di comprendere ciò che vi è stato detto? E magari suscitare la sua rabbia poiché, probabilmente sarà costretto a ripetersi nella speranza di un maggiore impegno nella comprensione da parte vostra?

Questa caduta dell'interesse per il contenuto dell'informazione può essere dovuta alla trasmissione di una comunicazione in forme e con modalità che mal si adattano allo schema di riferimento del destinatario. Se infatti vogliamo migliorare la comprensibilità e l'efficacia del nostro messaggio dovremo sempre cercare di adattarlo maggiormente anche al contesto di riferimento del nostro o dei nostri destinatari.

A questo scopo potremmo ricorrere a degli esempi che chiariscano il contesto e lo avvicinino al suo schema socioculturale, oppure nel caso dell'esposizione in forma scritta, in particolare sulla rete e nei social, potremmo avvalerci delle cosiddette "Emoticons" che aggiungono un tocco di emotività e di scherzosa simpatia al nostro messaggio.

Può sembrare quasi una sciocchezza, ma se ci riflettete, le emoticon sono nate proprio per questo scopo, per chiarire in maniera inequivocabile il nostro stato d'animo.

Incomprensioni e disaccordo

La nostra comunicazione, e mi riferisco in questo caso a quella verbale, corre sempre il pericolo di essere fraintesa e male interpretata.

Questo ovviamente è un grave danno nella trasmissione dell'informazione e comporta o può comportare una perdita, parziale o totale della stessa o una sua alterazione. Spesso ciò è dovuto alla nostra scarsa capacità di articolare una comunicazione che risulti efficace nel senso che ho descritto sopra.

A volte diciamo troppo, la nostra comunicazione è

ridondante, eccessiva, tendiamo ad essere prolissi e spesso ad annoiare i nostri ascoltatori, altre volte diciamo troppo poco, la nostra comunicazione apparirà povera e scarna, o addirittura reticente, col risultato di avere una trasmissione insufficiente. Qual è allora il giusto mezzo, la giusta misura che dobbiamo dare alla nostra comunicazione?

Per ora possiamo certamente dire che i problemi legati a possibili incomprensioni o errate interpretazioni sono maggiormente evidenti qualora si faccia uso soltanto della comunicazione verbale.

Facciamo un esempio: tutti noi conosciamo bene un mezzo di comunicazione come il telefono, che ci consente di parlare con chiunque desideriamo, in qualsiasi parte del mondo (oggi). Ma sicuramente tutti noi avremmo sperimentato il fatto che al telefono risulta più difficile trasmettere il nostro messaggio e i concetti che desideriamo sottolineare e quindi dare ad esso proprio il significato che noi desideriamo. Ecco perché, quando si tratta di messaggi molto importanti, specialmente quando ci riferiamo alle nostre emozioni e ai sentimenti, spesso preferiamo un confronto faccia a faccia col nostro interlocutore, magari anche a costo di fare qualche chilometro per raggiungerlo. Ed ecco perché, in tempi recenti, se non possiamo raggiungere il nostro interlocutore e grazie anche al fatto che la tecnologia delle comunicazioni ce lo consente con una certa facilità, preferiamo magari utilizzare la videochiamata che ci offre almeno il vantaggio di poter associare al messaggio puramente verbale della telefonata classica, le nostre espressioni facciali e gli sguardi, elementi tipici della comunicazione non verbale e che ci aiutano a precisare meglio proprio il significato e le intenzioni che vogliamo fornire al nostro messaggio.

In effetti la stessa frase, le medesime parole possono avere significati completamente differenti a seconda del nostro tono e del volume della nostra voce, ma anche dei nostri sguardi, della nostra mimica e dei gesti con cui accompagniamo la conversazione.

Risulta quindi evidente che i problemi di incomprensione possono essere presenti sia nella trasmissione del messaggio utilizzando la forma scritta che quella parlata, ma che essi possono essere progressivamente ridotti man mano che il messaggio viene veicolato facendo uso di ulteriori modalità espressive che contribuiscono a chiarire maggiormente al ricevente le intenzioni e il significato che il mittente intende dare al messaggio stesso.

E in caso di conflitto?

Da quanto abbiamo appena affermato, possiamo comprendere che una distorta interpretazione del messaggio può essere causa di fraintendimenti ed equivoci sulle reali intenzioni di entrambi le parti in causa che, alla fine possono anche portare all'insorgere di conflitti tra le stesse.

Tutti noi assistiamo quotidianamente a conflitti e discussioni che nascono da equivoci sul significato del messaggio, e questo sia nell'ambito delle relazioni affettive e sentimentali che nella sfera professionale, o in dibattiti di varia natura. Assistiamo continuamente all'insorgere di conflitti, a volte anche aspri in particolar modo nei media, sia essi tradizionali che sulla rete o sui social networks. Dobbiamo anche riconoscere che, ad onor del vero spesso in questi ultimi contesti, i conflitti e i fraintendimenti vengono innescati ad arte allo scopo di aumentare il numero di ascoltatori o spettatori

Mi viene in mente a questo proposito un genere teatrale che ha avuto grandissima fortuna, sin dai tempi del teatro greco e latino e che viene chiamato appunto *Commedia degli equivoci.* Questo particolare genere, che ha avuto il suo massimo splendore nel genio teatrale di William Shakespeare si basava appunto sul fatto che uno o più fraintendimenti, causati da una comunicazione inefficace portavano a situazioni di confusione nelle quali insorgevano conflitti che potevano talvolta avere conseguenze anche drammatiche, e che venivano però ridicolizzate e trattate in maniera tale da divertire moltissimo gli spettatori.

Parliamo ad esempio anche della sfera degli affetti; le

incomprensioni dovute ad una inefficace comunicazione possono facilmente portare, anche in questo campo, a situazioni nelle quali insorgano aree grigie fatte di parole o concessi inespressi, o che non vengono compresi dal ricevente (in questo caso compagno/a, marito o moglie) e che possono sfociare in frustrazioni e risentimento verso l'altro.

Infatti, nelle relazioni affettive vi sono spesso molte aspettative che possono essere deluse da una cattiva comunicazione e che possono sfociare in contrapposizioni di vario genere e differente gravità a seconda dell'ambito nel quale si sviluppa la comunicazione.

Caratteristiche della comunicazione efficace

E ora il momento di precisare meglio alcune delle caratteristiche salienti che rendono la nostra comunicazione efficace e che saranno oggetto del seguito del libro.

In primo luogo, ritengo sia importante che la trasmissione della comunicazione avvenga nel contesto di uno *"Schema di riferimento"* comune tra colui che trasmette e colui o coloro che ricevono l'informazione.

Per *"Schema di riferimento"* Chiamato anche Mappa di

riferimento, intendo un insieme di elementi che consentono ad una persona di effettuare riflessioni e considerazioni, di esprimere giudizi sia sulle proprie idee e convinzioni che su quelle altrui, da cui dipenderanno le scelte, e le conseguenti azioni che questa persona porrà in essere.

Ognuno di noi ha il proprio Schema di riferimento costruito attraverso il tempo, le esperienze maturate, l'educazione ricevute e gli eventi che ci accadono e che in un modo o nell'altro influenzano la nostra esistenza.

1) Nell'esposizione verbale è fondamentale la scelta delle parole più appropriate per esprimere il proprio messaggio e per essere sicuri che esso sia compreso correttamente. La scelta delle parole giuste e attinenti al messaggio è importante anche per trasmettere nel miglior modo possibile le nostre idee ed intenzioni.

   Dobbiamo cercare di essere sicuri che il nostro o i nostri ascoltatori abbiano compreso correttamente ciò che volevamo esprimere e questo possiamo verificarlo in differenti modi. Ad esempio, possiamo chiedere al nostro pubblico: "È chiaro ciò che intendo?" o: "Avete domande su quanto ho appena detto?" Dovremmo quindi considerare attentamente le reazioni del nostro pubblico, in particolare gli sguardi delle persone o i commenti che percepiamo, magari espressi sottovoce.

Se vi dovessero essere dubbi da parte dei riceventi, dovremmo fare ogni sforzo e trovare le parole giuste per chiarire meglio i concetti che intendevamo esprimere.

Questo perché la comprensione è un requisito fondamentale connesso alla trasmissione del messaggio e sarebbe importante, in questo contesto condividere pertanto lo stesso schema di riferimento socioculturale fatto di modi di dire, gestualità, modalità di espressione attraverso il linguaggio del corpo che, tutte insieme, contribuiscano a rendere non equivoca la nostra comunicazione.

Anche il livello di autostima contribuirà ad una maggiore efficacia della vostra comunicazione. Affinché essa sia compresa più chiaramente possibile è importante essere sempre sé stessi, evitare finzioni e falsità.

Quando si ha maggiore fiducia in sé stessi è più semplice esprimere in maniera appropriata le proprie idee; il messaggio sarà senz'altro più chiaro e comprensibile.

Ad esempio, una maggior tendenza all'introspezione e una maggiore disponibilità a poter fare un passo indietro rispetto alle proprie posizioni contribuiranno a rendere più chiara ed efficace la trasmissione delle nostre idee.

Ma come possiamo fare in modo di essere compresi davvero dal nostro interlocutore? Questa è la grande domanda connessa alla comunicazione efficace e all'efficacia della comunicazione.
La risposta non è affatto semplice e dipende da molti fattori.

Se siamo davvero interessati ad una maggiore efficacia della nostra comunicazione, uno dei fattori più importanti è quello di conoscere il nostro interlocutore, o il pubblico a cui ci rivolgiamo: in altre parole la nostra audience.

Dovremmo anche interrogarci su quali siano tutti i possibili fattori di ostacolo alla corretta trasmissione delle informazioni, e, nel caso ci accorgessimo che tra gli ostacoli ci siano responsabilità da parte nostra, dovremmo essere disposti a compiere un lavoro di introspezione, eventualmente riconoscere i nostri errori e compiere un passo indietro che ci consenta di porre rimedio ad essi.
L'efficacia della comunicazione è sempre è comunque connessa ad un lavoro di introspezione e al fatto che, attraverso essa, permettiamo agli altri di guardare dentro di noi.

Dando per scontato la buona fede e l'onestà delle nostre intenzioni dovremmo sforzarci di fare in modo che il significato e il senso di esse passino il più fedelmente possibile all'interlocutore.

Il nostro modo di comunicare sarà certamente migliore se ci sforzeremo di trasmettere le informazioni in maniera tranquilla, e gentile, evitando atteggiamenti aggressivi, in maniera tale da incoraggiare l'ascolto. È chiaro che la riuscita o meno di questo lavoro su noi stessi dipende anche dal contesto e dalla storia personale di ciascuno, ma senza un sincero e intenso impegno da parte nostra, non andremo da nessuna parte.

Ad esempio, più il messaggio è breve e conciso, più è probabile che esso venga compreso dall'interlocutore. È chiaro che se esso dovesse essere di natura tecnica, specialistica o comunque complessa, la brevità e la concisione non saranno semplici da raggiungere.

In questo risiedono e si rivelano le abilità dell'oratore. Ma non temete, affronteremo e articoleremo meglio nel seguito tutte queste complesse questioni.

Aspetti positivi della comunicazione efficace in famiglia, sul lavoro, con gli amici e nei rapporti sentimentali

In ogni comunità alla quale apparteniamo, comunicare in maniera efficace e soddisfacente è un aspetto fondamentale ed essenziale nelle relazioni con il prossimo e in questo non fa eccezione l'ambito familiare.

A volte sembra difficile da comprendere e soprattutto da mettere in pratica, me per far funzionare una relazione di qualunque tipo, c'è bisogno di comunicare.

La comunicazione in famiglia non è sempre facile, specialmente, nell'ambito della coppia, e anche se siete genitori, con bambini o con figli adolescenti, una buona comunicazione è essenziale per:

1. Portare pace ed armonia nelle relazioni familiari
2. Favorire la felicità di tutti i componenti della famiglia
3. Realizzare un ambiente sano ed armonioso per l'educazione dei figli.

La qualità della comunicazione e della relazione tra i genitori e i figli è di gran lunga più importante di qualunque oggetto o vantaggio materiale che i genitori possano dare loro, sembra un'affermazione scontata, ma è un dato di fatto che nelle relazioni familiari e quelle di coppia nessun oggetto o somma di denaro potrà mai sostituire una sincera e aperta comunicazione.

Con questo non voglio affermare che gli oggetti o condizioni materiali non abbiano la loro importanza, pensiamo ad esempio ad una adeguata alimentazione, una casa confortevole o dei vestiti quanto meno in sintonia con la stagione, ma essi non potranno mai sostituire l'affetto, il calore e la sincerità di una buona relazione comunicativa.

Ma come si può fare ad instaurare forme comunicazione efficace e di qualità nell'ambito della famiglia, in particolare tra genitori e figli? Uno dei segreti è quello di iniziare sin da subito, sin dalla più tenera infanzia un dialogo sincero e un rapporto di confidenza e di apertura, e soprattutto coltivarla nel tempo, man mano che il figlio cresce in autonomia e consapevolezza senza perderla mai di vista.

Questo dialogo col bambino dovrebbe addirittura iniziare prima della nascita. È infatti nel grembo materno che i bambini iniziano ad essere consapevoli della relazione con la madre e con il mondo esterno.

Subito dopo la nascita, la prima forma di

comunicazione tra la madre e il bambino è rappresentata dal pianto di quest'ultimo. Ogni volta che la madre sente il pianto del proprio bambino, è naturalmente portata ad agire con un generoso trasporto. Il piccolo, allo stesso tempo inizia a sviluppare un sentimento di affidamento nei confronti degli altri, in particolare, in questa prima fase, nei confronti della madre. Questo sentimento per quello che sarà il futuro adulto è il presupposto fondamentale per sviluppare positive relazioni interpersonali.

La prima e più istintiva forma di comunicazione tra i genitori e il neonato è, come si potrà immaginare, quella non verbale, attraverso il linguaggio del corpo. Tutte le volte che le azioni del bambino corrisponderanno ai nostri desideri, i nostri sguardi e i sorrisi di approvazione e il nostro tono di voce comunicheranno la nostra approvazione, e daranno gioìa e tranquillità al bambino, nel caso contrario, egli potrà chiaramente percepire la nostra disapprovazione attraverso i segnali di disapprovazione che gli invieremo attraverso il linguaggio del corpo.

Man mano che il bambino crescerà, imparerà a riconoscere sempre più chiaramente questi segnali, e gli assocerà le corrispondenti parole che piano piano apprenderà e inizierà a ripetere suscitando gioia e orgoglio nei genitori!

Purtroppo, molti genitori, una volta che il proprio

bambino inizia ad esprimersi con le parole, finiscono per porre sempre meno attenzione al suo modo di esprimersi, probabilmente perché si convincono di conoscere esattamente quello che il bambino cerca di dirci. Ma i bambini ci sorprendono ogni giorno e bisogna considerare che essi ben presto finiscono di essere estensioni dei propri genitori e per divenire persone indipendenti, ed in continua evoluzione, anche quando sono ancora piccoli e non completamente consapevoli di sé stessi e del mondo che li circonda. Per questo è importantissimo mantenere costantemente un buon rapporto di comunicazione, un dialogo aperto e sincero e improntato alla reciproca conoscenza e comprensione.

A questo proposito, bisogna tener presente che la comunicazione nell'ambito familiare, non deve essere limitata esclusivamente al comunicare con gli altri componenti attraverso la parola, o, in tempi più recenti alle comunicazioni scritte costituite da mail, sms o messaggi *WhatsApp,* come sempre più spesso avviene, ma una parte importante di una comunicazione davvero efficace deve essere dedicata all'ascolto. È proprio a causa del fatto che spesso non ascoltiamo abbastanza o con la dovuta attenzione i nostri familiari che nascono problemi di comprensione ed educativi, nel caso dei figli. Questi problemi sono sempre più ricorrenti proprio perché i genitori spesso non realizzano il fatto che il proprio bambino è cresciuto, si è evoluto, è diventato una persona indipendente dal genitore acquisendo una coscienza e una consapevolezza propri. Spesso i genitori conoscono poco o nulla del proprio figlio proprio perché quella comunicazione naturale e spontanea dei primi anni di vita non si è trasformata in un dialogo tra persone e personalità distinte ed autonome.

Quando i genitori antepongono alla comunicazione e al dialogo i propri problemi e attività quotidiane, anche se importanti, e questi hanno sempre priorità rispetto al confronto e all'ascolto dei propri figli, viene a cadere il rapporto di fiducia e credibilità con essi, e conseguentemente la funzione educativa viene pesantemente compromesso.

Questi problemi emergono con particolare evidenza durante il periodo dell'adolescenza che è in genere il momento in cui i genitori realizzano le conseguenze di una carenza di dialogo proprio nel momento in cui desidererebbero ancora proteggere i propri ragazzi dal mondo esterno, si rendono conto di non avere più alcuna forma di dialogo con essi. Diventa quindi difficile, in questa fase critica, recuperare un rapporto comunicativo per lungo tempo negato.
Sicuramente difficile ma di certo non impossibile!

Abbiamo infatti affermato che nell'ambiente familiare, un buon rapporto comunicativo con i ragazzi è essenziale per poterli aiutare in caso di problemi, ma se non si sa come instaurare una corretta comunicazione con un adolescente e non si riesce a soddisfare in maniera adeguata la necessità di un confronto sui propri problemi adolescenziali, il ragazzo potrebbe essere spinto a cercare un punto di riferimento e una guida estranea all'ambito familiare.

Ecco perché vi è la necessità che la comunicazione tra genitori e figli venga costantemente mantenuta e coltivata adeguandola alle differenti necessità imposte dalla crescita e alla sempre maggiore autonomia e consapevolezza del ragazzo. Questo aiuterà a mantenere viva, autentica e sincera la fiducia reciproca anche nel complesso periodo adolescenziale, nel quale le priorità e gli impulsi del ragazzo cambiano repentinamente.

La maniera migliore per mantenere e coltivare questo dialogo e questa relazione di fiducia reciproca nel tempo è quella di trovare il modo di condividere attività e momenti piacevoli da trascorrere insieme. È proprio in questi momenti che il rapporto migliora, il dialogo sincero e aperto aiuta infatti a condividere liberamente gli interessi, le necessità e la visione del mondo attraverso un ascolto attento e libero da giudizi di qualunque tipo.

In questo clima di dialogo aperto e onesto, è infatti indispensabile mantenere la serenità e la calma evitando inutili allarmismi e giudizi a prescindere da cosa ci dica il nostro ragazzo.

Specie nel caso di adolescenti è necessario fargli percepire tutto il nostro amore e il nostro sincero interesse, la nostra accettazione incondizionata, ma anche e soprattutto mantenere il rispetto per la privacy e la sfera personale del ragazzo o della ragazza. Soltanto in tal modo sarà possibile conquistare la fiducia e divenire un reale punto di riferimento per nostro figlio.

Rimanendo nell'ambito familiare, non deve tuttavia essere sottovalutata l'importanza di una buona relazione all'interno della coppia. Spesso, infatti, specialmente quando i figli sono piccoli, o quando i genitori sono molto assorbiti dal lavoro, questa potrebbe passare in secondo piano con conseguenze negative sul complessivo e delicato equilibrio dei rapporti familiari. La famiglia, in special modo quando sono presenti bambini, a prescindere dalla loro età, deve essere sempre un ambiente sereno, che rispecchia la unità familiare e di concordia l'amore tra i genitori.
Questo è un ulteriore e importante motivo per mantenere il dialogo e coltivare la comunicazione all'interno della coppia, magari anche ricercando dei momenti di intimità da passare insieme senza la presenza dei bambini.

In conclusione, di questo spazio dedicato alla comunicazione efficace all'interno della famiglia è importante ricordare che il dialogo non deve avvenire solo tra due persone, ma deve coinvolgere tutti i componenti della famiglia. Anche una conversazione a tavola, alla presenza di tutti i componenti, nella quale si raccontano i fatti e le esperienze della giornata può bastare per mantenere viva la comunicazione e la condivisione, a condizione che tutti i componenti della famiglia, grandi e piccoli vengano ascoltati con eguale rispetto e considerazione.

Passando ad analizzare l'importanza della comunicazione nell'ambito più generale della comunicazione interpersonale, possiamo richiamare i concetti espressi dallo psicologo americano Carol Pearson che ha ipotizzato la presenza dei cosiddetti *Archetipi* di cui aveva già parlato in precedenza Jung e che presuppongono una visione della vita come un viaggio nel quale i comportamenti e i meccanismi che caratterizzano le relazioni tra gli esseri umani possono essere spiegati ricorrendo a dodici fondamentali archetipi che aiuterebbero a conoscere meglio noi stessi e gli altri. I maccanismi e comportamenti degli archetipi caratterizzerebbero tutte le relazioni umane.

Anche per lo psicologo e filosofo Roberto Assagioli, padre della "*Psicosintesi*", ma già in precedenza per Sant'Agostino e San Tommaso D'Acquino noi siamo costituiti da molte parti e da molteplici aspetti, che integrandosi e rafforzandosi a vicenda determinano il nostro benessere.

Gli *Archetipi* possono aiutarci a comprendere l'unione delle diverse sottopersonalità con i loro peculiari scopi, natura e virtù, ma anche con i loro aspetti negativi che si fondono insieme in una *Psicosintesi* che ci conduce a realizzare una armonia ed una unità particolare ed irripetibile.

Se allarghiamo il campo dell'indagine sul comportamento umano per comprenderne gli effetti e il contesto nel quale si inquadrano le reazioni degli altri a questo comportamento, scopriremo che l'interesse si sposta dall'individuo considerato a sé stante alla considerazione di quest'ultimo come parte di un sistema più grande e complesso.

In questo contesto la comunicazione viene considerata come il veicolo attraverso il quale si manifestano e si realizzano le relazioni umane.

Così come in matematica il concetto di funzione viene utilizzato per descrivere le relazioni tra le variabili, nell'ambito psicologico la comunicazione mette in relazione le diverse variabili che in questo caso sono costituite dalle singole individualità.

Da ciò si deduce l'infinità delle possibili reazioni a stimoli ed eventi dello stesso tipo, in funzione dalle differenze di percezione tra i vari individui. Una diversità che può essere spiegata considerando le innumerevoli variazioni di carattere, esperienza e contesto socioculturale esistenti tra i vari individui e al mezzo attraverso il quale esse si realizzano: la comunicazione.

La comunicazione però non si riduce alla semplice raccolta e alla trasmissione delle informazioni, ma all'attività di comunicare è sempre associata una selezione delle informazioni da trasmettere. In altre parole, bisogna essere consapevoli dell'oggetto della comunicazione, di cosa comunicare esattamente, non solo ma è necessario anche essere consapevoli di come comunicare, conoscere il valore e il significato delle parole giuste, delle varie modalità di espressione con le quali realizzare la comunicazione.

Tra le diverse modalità, quella più immediata e diretta è senz'altro quella costituita dal linguaggio.

Edward Sapir, un famoso linguista e antropologo americano, vissuto a cavallo tra l'800 e il 900 afferma: "Tra tutti i popoli la lingua è certamente il mezzo di espressione e comunicazione più evoluto. È ragionevole presumere che tra tutti gli aspetti della cultura, la lingua sia stata la prima modalità espressiva a ricevere una forma compiuta e che dal suo perfezionamento dipende l'intero sviluppo culturale delle civiltà".

Tutti noi, infatti, usiamo il linguaggio per rappresentare la nostra esperienza, per cui tendiamo a creare un modello di linguaggio basato sulla nostra percezione del mondo. Ciò significa che col linguaggio parlato, scritto, con la discussione con gli altri, noi comunichiamo il nostro modello e la nostra percezione del mondo agli altri, mentre gli altri la trasmettono a noi.

E quindi necessario porre la massima attenzione alla consapevolezza e al miglioramento dell'uso del linguaggio, se necessario anche ricorrendo all'ausilio di esperti o coach della comunicazione che saranno di aiuto anche nell'integrazione dei modelli di comunicazione verbali con quelli non verbali.

Ciò vi sarà aiuterà concretamente anche a rendere empatica e coerente la comunicazione ed imparare a gestire le aree critiche e le proprie emozioni per rendere più efficace la relazione comunicativa, specie in quelle occasioni nelle quali dalla corretta ed efficace comunicazione tra gli individui, può dipendere la vita o la morte.

Le abilità sociali

Come sono le nostre abilità sociali?

Le abilità sociali sono un insieme di comportamenti che ci permettono di interagire e relazionarci con gli altri in maniera efficace e soddisfacente. Un aspetto positivo ed interessante della abilità sociali è che esse possono essere apprese, si possono imparare, esercitandole e sviluppandole giorno per giorno mediante la pratica quotidiana, anche se devo riconoscere che questo non è sempre facile per tutti poiché non tutti partiamo dallo stesso livello di sviluppo e padronanza di esse. Le abilità sociali non sono comunque innate, è sempre necessario un lavoro su sé stessi e il costante esercizio per acquisirle e padroneggiarle al meglio.

Inoltre, un altro aspetto fondamentale da considerare è che le variabili sociodemografiche e culturali sono importanti nell'apprendimento e nella valutazione delle abilità sociali e variano in relazione al luogo, ai costumi e ai modi di relazionarsi con gli altri, tipici delle diverse culture e dei diversi popoli.

Ma cosa sono in concreto queste abilità sociali delle quali stiamo parlando?

Possiamo innanzitutto accennare alle abilità sociali di base come sapere come ascoltare, porre le domande giuste in relazione al contesto, sapere come iniziare e terminare una conversazione.

Successivamente parleremo delle abilità sociali complesse, come l'accettazione delle critiche, imparare a chiedere aiuto agli altri o essere in grado di convincere gli altri con la parola.

Il miglioramento delle abilità sociali, sia di quelle semplici che di quelle più complesse è essenziale nella nostra società, poiché la comunicazione e le relazioni interpersonali sono certamente essenziale per la vita che conduciamo al giorno d'oggi. Non siamo più nella preistoria, quando invece, ed essere essenziali erano la forza fisica e le abilità manuali. La vita di oggi attribuisce invece molto più valore alla intelligenza e alle abilità sociali.

 Queste ultime non solo ci rendono persone migliori, ma ci aprono molte porte nella società nella quale viviamo, e ci portano ad acquisire uno stato di benessere psicologico che ci fa sentire bene con noi stessi e più soddisfatti della nostra vita. Esse, infatti, contribuiscono a ridurre l'ansia e la preoccupazione associate a situazioni sociali difficili o nuove, facilitando una buona comunicazione a livello emotivo, la soluzione dei problemi ed una buona relazione con gli altri, tutto ciò a condizione che queste abilità siano adeguate al contesto nel quale esse vengono impiegate.

Cosa succede se queste abilità sociali di cui parliamo sono scarse o inadeguate? In questi casi risultano evidenti difficoltà di adattamento alla realtà sociale nella quale siamo inseriti, e ai suoi mutamenti, favorendo lo sviluppo di un atteggiamento di passività e di acquiescenza ai voleri e desideri degli altri.

In alcuni casi, al contrario, può verificarsi anche lo sviluppo di atteggiamenti aggressivi che portano a violare le regole della comunità e i diritti degli individui che ne fanno parte.

Quindi, allo scopo di esercitare e migliorare e nostre abilità sociali, vi proporrò alcune semplici tecniche che vi aiuteranno e vi consentiranno di acquisirne la padronanza.

1) **La tecnica del disco rotto**
   Essa consiste nel ripetere la nostra opinione più e più volte, proprio come se stessimo ascoltando un disco rotto. Questa tecnica è particolarmente utile nei confronti dei venditori asfissianti e dei manipolatori, ma anche nei confronti di coloro che cercano di

spostare l'argomento della conversazione che ci interessa, cercando di portarla su argomenti con i quali si trovano più a loro agio e con i quali tentano di convincerci della bontà delle loro tesi. ripetendo in maniera quasi ossessiva la nostra tesi dimostreremo loro che abbiamo ben chiari i nostri obiettivi e siamo disposti e difenderli e a farli valere.

2) L'affermazione negativa

Si tratta di una tecnica ben conosciuta da coloro che sono esperti nell'arte oratoria; essa è utile in molti contesti nei quali vi sia una divergenza di opinione tra due persone, specialmente quando il nostro interlocutore disponga di un maggior potere decisionale. In sintesi, essa consiste nel trovare un punto in comune con l'altro dandogli parzialmente ragione, ma allo stesso tempo offrendogli un'altra prospettiva e un altro punto di vista.

Ad esempio, se il partner si lamenta per il vostro ritardo: "*Saresti dovuto tornare molto prima, il tuo comportamento è inaccettabile*" Voi risponderete: "*È vero, sono rincasato tardi (punto in comune), ma visto che sono sempre puntuale, credo non sia un problema se per una volta mi capita di fare tardi*".

3) La tecnica del sandwich

Il principale obiettivo di questa tecnica è quello di trasmettere un messaggio di critica, assicurandosi allo stesso tempo che esso sia ben ricevuto. Per ottenere ciò evidenziamo un aspetto positivo, quindi sottolineiamo ciò che non condividiamo e concludiamo con qualche parola di incoraggiamento: *"So che hai lavorato molto duramente su questo progetto, ma avresti dovuto sottolineare maggiormente il punto x... Sono sicuro che potrai risolvere il problema. Ho molta stima di te e delle tue capacità."*

4) Ripetizione del messaggio altrui

Con questa tecnica dovrete dimostrare al vostro interlocutore che avete ascoltato le sue opinioni e le tenete in considerazione focalizzandovi però in particolare sulle sue motivazioni emotive: *"Capisco che tu tenga particolarmente alla questione, ma in realtà io credo che..."*

5) Dare affetto

Può sembrare una cosa sciocca, ma la verità è che la maggioranza delle persone reagiscono positivamente all'affetto; quindi, il dare affetto è una delle abilità sociali da coltivare e sviluppare. Dare il vostro affetto non vuol dire che dovete iniziare a baciare gli estranei, ma, aiutandovi anche col linguaggio del corpo, dovete semplicemente dimostrare il vostro apprezzamento per la persona che avete di fronte e mostrare che siete pronti e aperti al dialogo. In altre parole, dovete imparare a stringere la mano calorosamente, sorridere tutte le volte che la situazione lo consenta, mantenere una postura leggermente inclinata verso il vostro interlocutore, dimostrare tutta la vostra attenzione, ma soprattutto mai incrociare le braccia al petto.

Siete dei buoni comunicatori?

Prima di suggerire i possibili rimedi e le strategie più opportune per superare e risolvere eventuali deficit comunicativi sarà senz'altro opportuno procedere ad un'analisi delle nostre capacità comunicative. Dopotutto potrebbe anche darsi il caso che, nell'effettuare questa autovalutazione vi rendiate conto che la vostra comunicazione presenti meno problemi di quanto immaginavate e quindi sia già ad un livello discreto.

Per procedere quindi ad un'analisi delle nostre reali capacità di comunicare in maniera efficace sarà utile richiamare i passaggi basilari del processo comunicativo per successivamente valutare come ed in che modo riusciamo a mettere in pratica questi principi generali.

Dunque: durante il processo comunicativo troveremo sempre una persona che sarà il **mittente** del messaggio, la quale procederà ad una **codifica** dello stesso per poi procedere alla **trasmissione** di esso attraverso un determinato **canale.** A questo punto il **ricevente** il messaggio dovrà **decodificarlo**, e, in qualche modo fornire un **riscontro** al mittente circa la effettiva ricezione e la comprensione del messaggio ricevuto.

Per acquisire la consapevolezza della vostra efficacia comunicativa, è essenziale che vengano acquisite e comprese bene tutte le fasi ed i passaggi del processo comunicativo, in maniera tale che possiate risolvere o addirittura anticipare i problemi prima che essi appaiano e, migliorare in maniera sostanziale le vostre capacità di comunicazione.

Nel caso voi siate il mittente, prima di comunicare vi soffermate mai a riflettere su cosa effettivamente volete far arrivare al destinatario, e perché? Dovete essere sicuri di non perdere tempo con la trasmissione di informazioni inutili e ridondanti e di non far perdere tempo al vostro ascoltatore. Molto spesso le persone cadono nell'errore di credere che più articolata, ricca e di lunga durata sia la trasmissione dell'informazione, più sarà completa e più sarà probabile che siano trasmessi tutti i concetti e le informazioni importanti, senza rendersi conto che invece, l'unico effetto che si otterrà sarà molto probabilmente quello di confondere gli interlocutori e sommergerli di informazioni inutili e ridondanti. Nell'ambito della discussione sul ruolo dei mass media, parlando di comunicazione pubblica, si sente spesso parlare di **infodemia** per indicare una inutile e dannosa abbondanza di informazioni che appunto ha come effetto quello di confondere e stressare il ricevente.

Per adesso ci atterremo però all'ambito dalla comunicazione intrapersonale e lasceremo da parte la comunicazione pubblica.

I comunicatori efficaci usano l'acronimo KISS (Keep It Simple and Straightforward) per indicare la necessità di mantenere la comunicazione semplice e diretta, nella convinzione che spesso a minori informazioni corrispondono migliori informazioni e che sia necessario non eccedere nella quantità e nella mole di informazioni veicolate.

Quindi valutate se avete ben chiaro quale sia l'obbiettivo e lo scopo della comunicazione.

Riuscite a comprendere il vostro pubblico, sapete chi sono i destinatari del vostro messaggio? Di quali informazioni esattamente hanno bisogno? Siete in grado di fornirgliele in maniera semplice e diretta? Riuscite ad immaginare in anticipo cosa volete dire e in che modo trasmettere il vostro messaggio? Quali mezzi userete per aumentare l'efficacia della trasmissione? Vi servirete del linguaggio del corpo? In che modo e lo farete usando più il vostro corpo, gli sguardi, il tono di voce o i gesti delle mani?

Che genere di riscontro ricaverete dai vostri ascoltatori per capire se il messaggio che state trasmettendo è stato ricevuto e decodificato nella maniera che intendevate?

Se riuscirete a rispondere in maniera soddisfacente a

tutte queste domande vorrà dire che siete già sulla strada giusta per diventare dei bravi comunicatori, in caso contrario sappiate che ci sarà da lavorare per diventarlo e questo libro vi darà un aiuto più che concreto per giungere a quello scopo.

L'importanza della comunicazione non verbale

Non scoprirò nulla di nuovo se affermo che la comunicazione non consiste soltanto di parole. I gesti, le espressioni del volto, gli sguardi, la postura del corpo e il tono della voce sono tutti mezzi usati per trasmettere un determinato messaggio, al pari di quello veicolato dalla parola, scritta o parlata. Anzi, molte volte il messaggio trasmesso dalla comunicazione non verbale è più importante e significativo di quello orale.

Verso la fine degli anni '60 lo psicologo Albert Mehrabian aveva effettuato alcuni esperimenti per verificare l'effettiva importanza della comunicazione non verbale nella trasmissione del messaggio. Il risultato di questi esperimenti fu che in una conversazione soltanto il 7% della comunicazione veniva veicolato attraverso il linguaggio, il 38% veniva trasmesso attraverso la cosiddetta comunicazione paraverbale (tono e intonazione della voce), mentre il restante 55 veniva diffuso attraverso la comunicazione non verbale come i gesti, il movimento delle mani e quelli del corpo.

Anche se queste percentuali sono spesso oggetto di discussione, Mehrabian affermò che si trattava di dati empirici, frutto dell'esperienza e che pertanto essi non erano pienamente aderenti alla realtà, ma dipendevano molto dagli interlocutori, dalle loro abitudini e costumi, dal loro livello culturale, dall'oggetto della conversazione e da molti altri fattori che per adesso non terremo in considerazione. Ciò che emergeva chiaramente da questi esperimenti era però, secondo Mehrabian, il fatto che le parole non erano assolutamente sufficienti a far comprendere il reale significato del messaggio trasmesso.

Tutti noi sappiamo che effettivamente le cose stanno proprio in questo modo; ad esempio, se consideriamo la semplice espressione: "Grazie", sappiamo che essa esprime generalmente un significato positivo di riconoscenza verso l'interlocutore, ma se a questo messaggio associamo un'espressione del viso accigliata o un tono ironico od irritato, anche quel semplice messaggio può assumere un significato del tutto differente, persino esattamente opposto alla connotazione positiva che suggerirebbe il linguaggio verbale. L'intonazione, l'espressione del viso in questo caso giocano un ruolo molto più importante nella trasmissione, nella comprensione e nel sentimento associato a quel messaggio.

Ciò che può sorprendere è il fatto che il significato delle intonazioni e delle espressioni facciali siano relativamente simili anche in culture differenti.

Ad esempio, un'espressione di disgusto può essere

percepita nel medesimo modo, sia che il nostro interlocutore sia un italiano, sia che sia inglese o spagnolo, così come le intonazioni che esprimono gioia o tristezza sono chiaramente percepibili dal tono di voce della persona.

Ma oltre al tono della nostra voce, vi sono altre modalità espressive che fanno parte della comunicazione non verbale e che vengono chiamati "Gesti illustrativi". Come il nome ci suggerisce, essi vengono generalmente usati per accompagnare ed illustrare un messaggio parlato allo scopo di chiarirne il significato. Ad esempio, se il nostro interlocutore ci sta parlano e noi vogliamo mostrargli tutto il nostro interesse, non lo interromperemo dicendogli: "Mi interessa, vai avanti, continua" Piuttosto assumeremo col nostro corpo una postura protesa verso di lui per dimostrargli curiosità ed interesse oppure faremo dei piccoli cenni di approvazione col capo per mostrare che siamo d'accordo.

Oltre al corpo anche i gesti delle mani vengono spesso usati per chiarire il significato del messaggio. Come ho accennato, l'uso dei gesti illustrativi è globale, anche se lo stesso gesto non assume il medesimo significato nelle diverse culture.
In quasi tutte le culture, ad esempio, vengono usate le mani per trasmettere, chiarire e rafforzare il significato di un messaggio. Ad esempio, nella maggioranza dei paesi occidentali viene usata la stretta di mano per

salutarsi, o viene alzato il pollice a significare apprezzamento o accordo col nostro interlocutore.
Vi sono moltissimi gesti che compiamo ogni giorno con le nostre mani e che utilizziamo, spesso inconsciamente, per trasmettere un messaggio.
Ma mentre l'uso delle mani è universale, il significato dei gesti può essere differente nelle diverse culture.
Ad esempio, sapevate che in Croazia, salutare una persona con la mano alzata, non è un gesto che viene accettato con favore? Questo perché nella cultura croata, la mano alzata è associata al saluto nazista tipico delle truppe di occupazione tedesche.
A questo punto vorrei dare qualche consiglio per attribuire il giusto significato alle varie modalità di comunicazione non verbale nelle diverse culture:

Potete ad esempio trarre ispirazione dal linguaggio non verbale degli attori nei film o nelle serie tv nella loro versione originale. La visione dei film in lingua originale è utile anche per decifrare il linguaggio del corpo che viene usato da una determinata cultura.
È utile anche a prendere confidenza con elementi quali la pronuncia, le intonazioni, e anche i modi di dire che, pur appartenendo alla categoria della comunicazione verbale, sono comunque espressioni il cui significato reale non coincide con quello letterale che le singole parole suggerirebbero.

Quindi quando vi capiterà di vedere un buon film in lingua originale, cercate di porre la vostra attenzione anche alle espressioni facciali, al movimento delle mani degli attori, vedrete che riuscirete ad interpretare in maniera molto più aderente alla realtà il senso del messaggio trasmesso attraverso quel film.

Un altro modo per riuscire ad interpretare il senso della comunicazione non verbale di un popolo può essere quello di creare occasioni di dialogo, anche via internet, con persone appartenenti a quella determinata cultura. Parlando con loro riuscirete a migliorare sia la comprensione del messaggio che le vostre capacità di interlocuzione e quindi di comunicazione, utilizzando in maniera più appropriata sia la parte verbale che quella non verbale dell'atto comunicativo. È senz'altro una delle maniere migliori di fare pratica con una lingua ed una cultura a voi estranea, il fatto di parlare dal vivo con una persona che appartiene a quella cultura, vi aiuterà inoltre a comprendere il "modo di parlare" e ad interpretare le espressioni facciali, i gesti che vengono usati per esprimere determinati stati d'animo o per trasmettere particolari concetti.

Se, invece vi trovate faccia a faccia con una persona di quel particolare paese, potete chiedergli in maniera diretta il significato dei gesti, dei movimenti delle mani e delle espressioni facciali, quali gesti potete usare e quali altri no, magari perché, per quel popolo, lo stesso gesto può assumere un significato diverso da quello che volete invece comunicare.

In effetti uno dei motivi per imparare il linguaggio del corpo di una determinata cultura, è proprio quello di evitare di essere fraintesi, di fraintendere ciò che vi viene comunicato, ma anche quello di evitare di offendere il vostro interlocutore. Inoltre, conoscere bene il linguaggio sia verbale che non verbale usato da una determinata cultura, sarà di grande aiuto per il miglioramento delle relazioni con gli appartenenti a quella cultura, vi permetterà di immergervi appieno in quella cultura e a capire le intenzioni dei vostri interlocutori in maniera autentica, permettendovi di essere conosciuti ed apprezzati anche in ambienti nei quali inizialmente vi sentivate estranei o stranieri.

Problemi e barriere nella comunicazione

Allo scopo di comprendere meglio il nostro livello di efficacia comunicativa e per capire se la nostra comunicazione presenta problemi, se questi siano importanti o meno e che natura essi abbiano, vi fornirò un piccolo elenco dei più comuni problemi che la maggior parte delle persone incontrano nella loro comunicazione, assieme alla descrizione delle oggettive barriere comunicative che possono influenzare l'efficacia della vostra comunicazione, allo scopo di riconoscerle, comprendere le e superarle anche per mezzo dei consigli che vi darò nel seguito.

1) Equivoco sul messaggio ricevuto.
    È un problema molto frequente, consiste nell'interpretare in maniera errata o distorta il messaggio ricevuto. Per riuscire ad evitarlo, ogni volta che interagiamo con qualcuno dobbiamo sforzarci di dargli sempre la massima attenzione. Se siamo ascoltatori, sforziamoci di non distrarci inseguendo i nostri pensieri, o peggio, farci distrarre dal cellulare, dalla chat con

qualcun altro, dai social, dal pc, dalla tv o da qualunque altra possibile fonte di distrazione. A proposito dell'uso forse eccessivo dei mezzi tecnologici che tutti noi facciamo al giorno d'oggi, un ulteriore possibile motivo di distrazione è fare un eccessivo affidamento su di essi.

Ad esempio, la tecnologia ha aumentato il ricorso a forme di comunicazione scritta, tipiche delle comunicazioni via mail, via chat o via social media, rispetto a quelle parlate o che si svolgono con l'ausilio del contatto visivo. Non potendo fare affidamento sul tono di voce, o sulle espressioni facciali o i movimenti delle mani, il rischio di incomprensione aumenta. È necessario fare molta attenzione alla punteggiatura, e quando possibile chiediamo conferma della corretta ricezione del messaggio, magari attraverso un incontro facci a faccia, o se impossibile, almeno con una telefonata.

2) Non considerare le specificità culturali. Un altro errore frequente che porta ad una comunicazione inefficace, consiste nel non tenere conto delle differenze culturali tra voi e il vostro o i vostri interlocutori. Ho già accennato al problema delle differenze culturali che influenzano in

modo particolare le modalità di comunicazione non verbali. Ogni cultura ha i suoi propri codici di linguaggio del corpo ed un gesto che per la nostra cultura ha un significato, potrebbe averne un altro per una cultura diversa. Dobbiamo cercare di aver presente le differenze culturali, anche allo scopo di evitare di offendere inconsapevolmente la nostra controparte. Se necessario chiedete in anticipo al vostro interlocutore di considerare la situazione e di perdonare eventuali gaffes o situazioni imbarazzanti che potrebbero crearsi quando non si conosce bene o non si è sicuri di interpretare correttamente i codici comunicativi tipici della cultura a cui egli appartiene.

3) Lasciare che le emozioni prendano il sopravvento.

Un buon comunicatore deve sempre trovare il modo di non farsi condizionare dalle proprie emozioni durante il processo comunicativo. Le emozioni infatti devono essere lasciate in disparte, almeno momentaneamente, se non vogliamo che esse condizionino in una maniera imprevedibile e casuale l'interpretazione del messaggio da parte nostra o il messaggio che intendiamo trasmettere nel caso fossimo noi l'emittente.

Al contrario possono verificarsi problemi e incomprensioni nella comunicazione dovuti al fatto che il comunicatore di turno ha difficoltà o blocchi di natura emozionale nell'affrontare determinati argomenti. Tali blocchi possono anche consistere in tabu nell'affrontare argomenti quali le differenze razziali, di genere o discussioni riguardanti la politica, il sesso o la religione ed in generale tutti gli argomenti relativi a temi che possono essere o diventare controversi, impopolari e oggetto di contestazioni o di attacchi di vario genere.

4) Evitare i messaggi indiretti.
Se vogliamo che il nostro messaggio abbia il dono della chiarezza e della comprensibilità, dobbiamo cercare di essere quanto più diretti ed espliciti possibile. Se, al contrario, non riusciremo ad essere abbastanza chiari e diretti, costringeremmo il nostro interlocutore ad interpretare il messaggio attraverso i propri personali codici comunicativi, col rischio di una interpretazione errata o distorta rispetto a quella desiderata.

5) Non interrompere la comunicazione.
    Spesso ci sarò capitato di interrompere
    una comunicazione che ci viene fornita,
    magari l'avremo fatto in maniera
    spontanea, forse nel timore di perdere
    l'attimo propizio per dire la nostra o di
    rischiare di dimenticare le nostre
    osservazioni. Qualcun altro potrebbe
    invece approfittare ed interrompere
    intenzionalmente l'esposizione allo scopo
    di comprometterne l'efficacia per
    perseguire i propri obiettivi. In tutti i casi
    è sempre fastidioso essere interrotti, si
    corre il rischio di mettere in discussione
    l'autorevolezza e la credibilità dello
    speaker. Abbiate quindi sempre il
    massimo rispetto verso il comunicatore di
    turno e appettate pazientemente il vostro
    turno prima di esporre le vostre
    osservazioni.

6) Presumere di conoscere in anticipo ciò
    che lo speaker dirà.
    Anche questa è una situazione che sarà
    captata a ciascuno di voi. Magari l'oratore
    o il comunicatore di turno è una persona
    che conoscete bene e quindi presumete di
    sapere perfettamente dove vorrà andare a
    parare l'intero discorso, ma così facendo
    corriamo il rischio di non prestare

attenzione all'effettivo contenuto del messaggio, che spesso sarà del tutto differente da quello che ci saremmo aspettati. Per tale motivo, ancora una volta, abbiate rispetto per l'interlocutore e siate sempre aperti e curiosi rispetto al contenuto che vi viene offerto.

7) Evitare o prolungare le conversazioni difficili.

Cosa intendo per conversazioni difficili? Si tratta di quelle particolari comunicazioni che non vorreste mai dare al vostro interlocutore, perché sapete che egli non avrà piacere di sentirle e non reagirà in maniera positiva a ciò che gli comunicherete. In questa categoria rientrano le cattive notizie, che possono riguardare la salute, il denaro, o anche esprimere una situazione di conflittualità con l'interlocutore. In questo tipo di situazione molte persone tendono, se non ad evitare, almeno a ridurre al massimo la durata della comunicazione o, al contrario a prolungarla oltre il dovuto nel tentativo di addolcirla, esibirsi in spericolati giri di parole, cercare improbabili compromessi o inesistenti soluzioni al problema evidenziato. Pensiamo al fatto di voler comunicare ad una persona cara una malattia incurabile, o a dare ad un vostro collaboratore la notizia del licenziamento, o altre situazioni del genere. Anche in questi casi, il buon comunicatore non adotterà questi schemi evasivi evitando o complicando inutilmente il dialogo. Sarebbe un modo di comportarsi perdente nel lungo termine; si correrebbe il rischio di sollevare il problema nel momento sbagliato generando ulteriore tensione e ulteriori motivi di ostilità e di conflitto. Il fatto di nascondere informazioni importanti non è mai una buona scelta, perché, se, ad esempio le notizie venissero comunicate da una terza persona, ciò minerebbe la fiducia reciproca ed aumenterebbe ulteriormente le distanze tra voi e il destinatario dell'informazione. Per tali motivi i comunicatori efficaci affrontano i problemi sempre nel momento in cui si presentano rimanendo schietti ed onesti e trasparenti anche quando la comunicazione diventa un peso che può spaventare la maggior parte delle persone.

8) Pregiudizi e false aspettative sulle fonti del messaggio.

Troppo spesso le persone sono portate ad ascoltare e ad interpretare i messaggi che percepiscono decodificandoli secondo false aspettative, pregiudizi e codici interpretativi del tutto personali ed autoreferenziali. In questo modo molte volte si ascolta ciò che si vuole ascoltare e il messaggio verrà quindi equivocato e distorto.

Si finisce cioè per dare al messaggio un significato differente da quello inteso dal mittente, attraverso dei procedimenti mentali del tutto soggettivi e che sono noti soltanto a chi li mette in atto. Probabilmente in questo processo, egli sarà influenzato da una serie di esperienze e di convinzioni personali che lo portano ad ignorare alcuni dei contenuti fondamentali del e a dare invece un peso eccessivo a dati e informazioni di scarsa rilevanza producendo come risultato un giudizio alterato e distorto circa il contenuto del messaggio.

Siamo introversi, timidi o entrambi?
Come superare la timidezza

L'introversione viene spesso descritta come una virtù e la timidezza come un difetto, ma io penso che in realtà ci sia ben poco di positivo nell'introversione. Questa convinzione nasce anche dalla mia personale esperienza di vita e penso di conoscere bene questa condizione, in quanto mi considero un ex introverso. Per anni ho cercato di superare l'introversione e devo dirvi che alla fine ce l'ho fatta. Vi mostrerò quindi qual è il metodo che ho personalmente seguito per superare l'introversione.

Vi sono fondamentalmente tre passi da compiere per uscire da questa condizione ma prima dobbiamo capire bene in che cosa consista l'introversione.

L'introversione, se la guardiamo dal lato positivo è l'abilità di tornare a sé stessi. Diciamo che, vista in maniera più oggettiva, essa è lo stato di coloro che sono a proprio agio quando sono da soli, o, al massimo in compagnia di poche persone.

L'introverso, infatti, apprezza poco o nulla la compagnia di altre persone o lo stare in gruppo, anche il fatto di parlare in pubblico diventa un grosso problema. Ascoltando un certo numero di persone introverse, queste mi raccontavano che anche, se non realizzavano in maniera esplicita di avere problemi a parlare in pubblico, quando si prospettava la possibilità di farlo trovavano sempre mille scuse per riuscire ad evitarlo. Anche se per queste persone poteva non essere un problema consumare un caffè con un amico in un bar vuoto, in caso di affollamento, esse si trovavano in notevole disagio, e, se potevano, evitavano anche questo momento di socialità.

Di per sé stessa questa condizione non viene sempre vista come un problema, ma è innegabile il fatto che essa non sia una condizione piacevole perché la nostra società è fatta in maniera tale da favorire e premiare gli estroversi. Essi riescono ad ottenere di più e più facilmente; sono maggiormente apprezzati e riescono ad avere più carisma e certamente più influenza sugli altri. Risulta sicuramente molto più difficile farsi apprezzare e realizzare i propri obbiettivi vivendo nell'isolamento, e la vita risulterà certamente più attiva ed interessante se si riesce ad uscire al di fuori della propria "zona di comfort" costituita in questo caso dall'introversione.

Come ho già affermato, la nostra società è fatta in modo da premiare gli estroversi e tende a dipingere la persona estroversa come una persona che abbia un destino luminoso e la possibilità di realizzare i propri obbiettivi. Ma troppo spesso si dimentica che anche gli introversi sono pieni di grandi qualità. Spesso neanche loro riescono ad apprezzarle, ma nel silenzio si nascondono talvolta delle persone eccezionali.

Dobbiamo innanzitutto notare che vi è una grande differenza tra l'essere timidi e l'essere introversi. Per adesso non tratteremo della timidezza, ci limiteremo a dire che generalmente la timidezza non è un aspetto positivo del nostro carattere e che dovrebbe essere corretta quando possibile. A differenza delle persone timide, gli introversi possiedono spesso molte qualità e punti di forza che essi stessi ignorano; stiamo parlando di persone che spesso riescono ad affrontare bene la solitudine ed apprezzare il silenzio.
Infatti, quella dell'introversione è spesso una etichetta superficiale che non ha nulla a che vedere con la vera natura e la complessa personalità della gran parte di essi. Se da un lato si può affermare che l'estroverso trae la propria ispirazione e la propria forza dal mondo esterno, dall'altro possiamo dire che l'introverso riesce a trovare sé stesso nel proprio mondo interiore, ed è in questo mondo che si sente a proprio agio e riesce ad esprimersi pienamente.

Come ho accennato in precedenza l'introversione non è sempre ed esclusivamente una connotazione caratteriale negativa, e bisogna riconoscere con franchezza ed onestà che tantissime persone che vengono considerate introverse sono persone splendide e piene di qualità positive. Ad esempio, la maggior parte degli introversi è costituita da persone che tendono ad analizzare bene, a ponderare e valutare attentamente una data situazione in tutti suoi aspetti prima di prendere una decisone relativa ad essa e bisogna ammettere che molto spesso lo fanno meglio delle altre persone. Si tratta generalmente di persone sincere che apprezzano la solitudine. Mentre alcune persone si sentono a proprio agio e riescono ad apprezzare appieno la compagnia degli altri, gli introversi si trovano più a proprio agio quando sono soli con sé stessi o, al massimo con la persona che amano. Per l'introverso la solitudine è anzi un'occasione di espressione della propria creatività e immaginazione. Infatti, non è affatto raro riscontrare un carattere tendente all'introversine tra i poeti, gli scrittori, i musicisti e gli artisti in generale. Le più sublimi espressioni artistiche che conosciamo, molto spesso son frutto di momenti di isolamento dell'artista, il quale, soltanto nella solitudine riesce a trovare la concentrazione e la calma necessaria ad esprimere tutto il proprio talento.

La persona introversa è inoltre generalmente dotata di un carattere calmo e pacato, e non ha difficoltà a riconoscerlo ed è un eccellente ascoltatore. Possiamo certamente affermare che una delle caratteristiche peculiari delle persone introverse è quella di prediligere l'ascolto rispetto al parlare con gli altri.

Uno studio da parte di un team di psicologi americani,

guidati dal prof. Jonathan Cheek, del Wellesley College, ha individuato e proposto alla comunità scientifica un modello che descrive quattro tipologie principali di introversione e lo ha chiamato STAR dalle iniziali delle parole inglesi (Social, Thinking, Anxious, Restrained). Gli psicologi hanno intervistato circa 500 persone di età compresa tra i 18 e i 70 anni, e hanno successivamente proposto questo modello che non individua dei confini netti tra una modalità e l'altra di introversione, ma piuttosto le caratterizza come sfumature diverse del medesimo stile di comportamento.

Il primo gruppo è quello dell' "Introversone Sociale". Le persone che ricadono in questo gruppo si trovano maggiormente a proprio agio da soli o in gruppi composti da poche persone. Man mano che il numero di persone con cui si relazionano aumenta, essi si sentono sempre più a disagio. Le persone con un elevato grado di Introversione Sociale tendono invece a preferire la completa solitudine. È importante notare che non si tratta di reazioni dettate dall'ansia o dalla eccessiva timidezza, si tratta soltanto della manifestazione di una preferenza.

Il secondo gruppo che tradurrò con "Introversione riflessiva" riguarda quelle persone che prediligono l'introspezione. La loro tendenza all'introspezione e all'interiorizzazione è infatti molto presente e viva e spesso si identificano con personaggi dei film o dei libri preferiti. Tuttavia, essi non si sentono eccessivamente a disagio partecipando ad occasioni di socialità. Le persone con un elevato punteggio in questa categoria tendono a perdersi spesso nei propri pensieri e posseggono tuttavia un elevato livello di creatività.

Anche coloro che ricadono nel gruppo de: "L'introversione Ansiosa" preferiscono stare da sole., ma a differenza delle precedenti tipologie di comportamento introverso, la loro avversione ai contatti sociali spesso si manifesta con reazioni di panico ed è fonte di stress e di ansia. L'introversione di tipo ansioso è spesso accompagnata da un insufficiente livello di autostima e di capacità relazionali. Le persone con un elevato punteggio relativo a questa tipologia manifestano inoltre molto nervosismo anche quando si trovano in situazione nuove od insolite.

"L'introversione controllata" è invece caratterizzata da persone sostanzialmente molto riflessive e controllate le quali, prima di prendere una decisione o di esprimersi in un determinato modo, prendono tutto il tempo necessario. Essi cercano di evitare di prendere decisioni affrettate e dettate più dall'impulso o dall'istinto che dalla razionalità e dalla ponderazione.

Il problema fondamentale dell'introversione è che il silenzio e la chiusura in sé stessi fa sì che gli introversi vengano ignorati dal resto della società che spesso li trascura e se ne disinteressa, non prendendoli nella dovuta considerazione e non apprezzandone le qualità interiori.

Tornando adesso al problema della timidezza, abbiamo detto che si tratta di aspetti diversi del carattere e della personalità. Mentre è frequente trovare delle persone che siano sia introverse che timide, si verifica altrettanto spesso la situazione in cui una persona introversa non possa essere definita timida. La timidezza è generalmente una caratteristica che non fa parte della nostra reale personalità e del nostro carattere. Le persone possono essere in uno stato di timidezza a causa di esperienze negative di confronti col prossimo che non sono riusciti a superare da piccoli.

La timidezza può essere uno stato temporaneo di chiusura in sé stessi e di difficoltà nel rapportarsi con il prossimo, che può nascere dal confronto con un ambiente per noi nuovo od estraneo, come potrebbe essere l'immissione in una nuova scuola, o il trasferimento in un ambiente di lavoro diverso, una città o uno stato a noi estranei. Ambienti nei quali non ci troviamo da subito a nostro agio, nei quali le persone tendono talvolta a diffidare degli estranei e di tutto ciò che costituisce una novità.

L'introversione è invece una condizione con la quale generalmente si nasce, è proprio una connotazione e una caratteristica del nostro carattere e della nostra personalità. da ciò possiamo facilmente dedurre che mentre è relativamente facile, oltre che opportuno e auspicabile correggere e porre fine ad una situazione di timidezza, non può dirsi altrettanto per l'introversione.

Nella maggior parte dei casi ritengo che la soluzione migliore per una persona introversa sia quella di adattarsi e convivere con questa condizione, trovare un equilibrio, uno stato di armonica accettazione di essa, che, come detto va considerata come una caratteristica innata del carattere di ciascuno di noi più che un difetto o un lato negativo del carattere che vada corretto a tutti i costi.

Cercare di sopprimere la nostra introversione sarebbe come cercare di cambiare la nostra natura, vorrebbe dire farsi coinvolgere in esercizi e pratiche di comportamento che non riflettono il nostro carattere e la nostra reale personalità, compiere azioni nelle quali non ci identifichiamo e che ci sembreranno distorcere e forzare le nostre naturali inclinazioni. Essere e riconoscersi come introversi e tuttavia cercare di correggersi potrebbe avere conseguenze più negative che positive in futuro. Indossare i panni di qualcun altro che, alla fine, non riconosceremo come noi stessi, ci porterebbe ad uno stato di stress e stanchezza cronica e ad uno stato di insoddisfazione costante che non potrà portare conseguenze positive sulla qualità complessiva delle nostre relazioni col prossimo, sul nostro livello di soddisfazione e, in definitiva, sulla qualità della nostra vita e sul livello percepito di felicità.

Al contrario, superare e vincere quella condizione che abbiamo definito come timidezza è spesso opportuno, desiderabile e causa di un decisivo miglioramento delle nostre relazioni con gli altri e della qualità complessiva della nostra vita e del nostro livello di soddisfazione. Darò quindi di seguito una serie di utili e pratici consigli per realizzare in concreto tutto ciò.

Per prima cosa, dobbiamo cercare di capire che non è sempre semplice ed immediato vincere la timidezza e questo non può avvenire dall'oggi al domani. È quindi meglio iniziare con dei piccoli passi che consisteranno in brevi sessioni di allenamento utili all'inizio per superare le situazioni che ci pongono maggiormente in imbarazzo.

1) Ad esempio, se anche noi sperimentiamo un timore nel frequentare locali affollati come bar, ristoranti, o palestre, sforziamoci di frequentarli proprio nei giorni e negli orari in cui sappiamo che essi saranno più affollati. Può sembrare un controsenso ma se iniziamo con cinque minuti, per poi gradualmente passare a dieci e a quindici minuti sarà sempre più facile e meno imbarazzante farlo. Contemporaneamente dovremo sforzarci di parlare con coloro che,

come noi, si trovino in quell'ambiente affollato e aspettino il proprio turno per avere un caffè o per allenarsi con quel determinato attrezzo.

Il vostro istinto deve aiutarvi a selezionare le persone più appropriate e quelle più socievoli. Talvolta i vostri tentativi potranno non avere successo, ma man mano che ripeterete questo tipo di allenamento, alla fine dovreste riuscire a trovare qualcuno con cui potrete piano piano instaurare relazioni amichevoli.

Un'altra possibile situazione nella quale applicare questo esercizio è quella dell'inserimento in un nuovo ambiente lavorativo.

Se vi capita di non sentirvi a vostro agio con alcuni dei nuovi colleghi, abituatevi a ad affrontare questa situazione preparandovi prima di andare al lavoro. Cercate di individuare il momento più opportuno per scambiare qualche parola con essi, ad esempio in una pausa dal lavoro o alla macchinetta del caffè. Visualizzate in anticipo la situazione, e se possibile provatela con qualcuno con cui siete in maggiormente in confidenza. Non ho alcun dubbio, che dopo qualche tentativo finirete certamente per trovare più di una persona interessante con cui scambiare quattro chiacchiere dimenticando la timidezza!

2) Adesso vorrei suggerirvi una tecnica che si adatta particolarmente a situazioni simili ad un nuovo ambiente lavorativo. Ho chiamato questa

strategia di comportamento "Tecnica della ricompensa". In cosa consiste? Dovrete iniziare ad apprezzare maggiormente le persone che i sono vicine e con le quali condividete l'ambiente di lavoro, la pausa caffè o anche il viaggio in treno tutti i giorni, congratulandovi con loro, anche per piccole cose che meritano di essere apprezzate. Ad esempio, se vi piace la nuova cravatta del vostro collega, fateglielo sapere, o se apprezzate il fatto che il vostro vicino di stanza è stato puntuale nella consegna della propria parte di un lavoro che dovevate svolgere insieme, non mancate di congratularvi con lui. Noterete che se iniziate ad apprezzare e a congratularvi con gli altri, gradualmente riuscirete ad uscire dal vostro stato di isolamento, dalla vostra bolla, pian piano non avrete più tante difficoltà nel parlare con gli altri e la vostra timidezza risulterà maggiormente accettabile, e si attenuerà di molto.

3) Un'altra importante connotazione del comportamento da modificare se vorrete sconfiggere la vostra timidezza è relativa al linguaggio del corpo, alla cura e allo sviluppo del vostro stile di comunicazione non verbale. Avrete sicuramente notato che la postura delle persone timide è spesso caratteristica: l'atteggiamento è di chiusura, le braccia sono incrociate e spesso le mani sono nelle tasche, il sorriso appare di rado sui volti delle persone

timide, specie quando si trovano assieme o semplicemente incrociano altre persone. Dovrete convenire con me e riconoscere che si tratta di atteggiamenti non esattamente gradevoli ed attrattivi.

Se vorrete uscire dalla timidezza è giunto quindi il momento di cambiare il vostro atteggiamento, la vostra comunicazione non verbale.

Dovete iniziare a sorridere.

Può sembrare una sciocchezza, e mi rendo conto che il fatto di leggerlo su un libro non potrà farvi sorridere a tutte le persone che incontrate.

Si tratta di uscire dalla vostra zona di comfort anche per quanto riguarda il linguaggio del corpo, semplicemente iniziate a sorridere più spesso, sempre più spesso. Questa semplice abitudine vi aiuterà moltissimo a risultare una persona più gradevole e a far apprezzare maggiormente agli altri la vostra compagnia.

Una volta che avrete iniziato a sorridere più spesso, cercate inoltre di acquisite una gestualità più rilassata, aperta e spontanea: quando parlate con qualcuno, usate le vostre braccia e le vostre mani per accompagnare e sottolineare la vostra comunicazione, rafforzando il vostro messaggio anche con le espressioni del viso e con gli sguardi più appropriati alla circostanza. Anche a costo di passare talvolta per persone rozze, il fatto di sviluppare la vostra gestualità è senz'altro preferibile al tenere le vostre braccia incrociate o le mani nelle tasche o ad assumere una espressione spenta e difficilmente decifrabile.

4) Uscite più spesso! È noto che le persone timide non apprezzino particolarmente le occasioni di socialità e tendano ad uscire poco di casa. Ma se vorrete davvero superare la vostra timidezza dovrete sforzarvi ad uscire più spesso. Magari potrete farlo dapprima con persone che conoscete bene e di cui vi fidate, e successivamente allargare gradualmente la cerchia delle persone con cui condividere una cena, un caffè al bar o anche una gita o una visita al museo.

Questi consigli dovrebbero aiutarvi a superare gradualmente la vostra condizione di timidi. L'esperienza mi suggerisce che queste tecniche generalmente funzionano e hanno un riscontro positivo, me se voi avete sperimentato o attuato con successo qualche altra tecnica che vi ha aiutato a superare la vostra condizione di persone timide, vi prego di farmelo sapere e di descrivermi la vostra positiva esperienza!

L'importanza dell'ascolto

Qual è il metodo più diretto ed immediato attraverso cui acquisiamo le informazioni che ci vengono comunicate, il metodo che l'uomo usa dalla notte dei tempi per interagire in maniera efficace con i propri simili? Sì, sto parlando dell'ascolto, che altro non è che l'abilità di ricevere e decodificare le comunicazioni che riceviamo attraverso il linguaggio, la conversazione, di persona o con l'ausilio dei nuovi mezzi di comunicazione a distanza, sempre più evoluti e raffinati, siano essi mezzi di comunicazione di massa come radio, televisione, cinema che mezzi di comunicazione individuali come il telefono, o un messaggio vocale di WhatsApp.

Sto parlando dell'abilità che è probabilmente la più importante per una comunicazione efficace; senza l'abilità di ascoltare attentamente ciò che ci viene detto, la gran parte dei messaggi andrebbero persi o sarebbero incompresi e non produrrebbero conseguenze.
Da qui l'importanza fondamentale che assume la padronanza dell'abilità dell'ascolto, anche e soprattutto se guardiamo ad essa con l'ottica delle

organizzazioni, specie quelle aziendali, per le quali la capacità di saper ascoltare, da parte dei propri dipendenti, comporta una miglior efficienza dei processi comunicativi e quindi produttivi, un minor tasso di errori e inefficienze, dovuto ad una maggiore condivisione delle informazioni, un maggior tasso di creatività e di soddisfazione e, non ultima una migliore soddisfazione dei clienti dell'organizzazione che si sentono compresi e soddisfatti nelle loro aspettative. Per tali motivi spesso la capacità di saper ascoltare viene curata con particolare attenzione dalle aziende che organizzano anche specifici corsi per acquisirla ed esercitarla. Molti leader aziendali di successo riferiscono che la capacità di ascolto è uno dei fattori chiave del proprio successo e di quello delle loro organizzazioni.

Ma la capacità di saper ascoltare è un fattore che è alla base di tutte le relazioni interpersonali e sociali in genere. Non può esistere un'amicizia solida e durevole o una relazione di coppia appagante e soddisfacente che possa fare a meno di quest'abilità. Tutti gli amici si confidano e si ascoltano reciprocamente e con attenzione scambiandosi esperienze, idee, emozioni e sentimenti, così come tutti gli innamorati non si stancherebbero mai di ascoltarsi reciprocamente e, attraverso l'ascolto di conoscersi e apprezzarsi fino in fondo.

Ma dobbiamo fare attenzione: ascoltare non è la

stessa cosa di sentire; non si tratta di sinonimi.
Il sentire implica un processo fisico e fisiologico attraverso il quale percepiamo i suoni e le parole, è collegato ad uno dei cinque sensi che è l'udito e, a meno di eventuali patologie, è un processo che si realizza in maniera per lo più automatica.

L'abilità dell'ascolto di cui stiamo parlando implica invece attenzione e concentrazione: si tratta di una attività che richiede un livello di attività mentale, e direi anche fisica talvolta, che ci permette di puntare la nostra attenzione non soltanto sul contenuto evidente del messaggio , ma di percepire e considerare attentamente anche il tono e il livello della voce, la scelta delle parole, così come tutta la parte non verbale della comunicazione, il linguaggio del corpo, quello delle mani e il significato degli sguardi.

In effetti dall'abilità dell'ascoltatore dipende il livello di comprensione e il significato che è in grado di attribuire a quel particolare messaggio.
Da quanto ho affermato è evidente che l'attività dell'ascolto, se svolta nel modo descritto non è un'attività semplicemente passiva, ma richiede un impegno e un coinvolgimento pari a quella dell'oratore, di colui che parla.
Possiamo quindi parlare in questo caso di **ascolto attivo.**
Oltra alle caratteristiche che abbiamo descritto in precedenza, bisogna notare che quando ascoltiamo

attivamente il nostro interlocutore, spesso ci verrà da porre domande sia durante che al termine dell'esposizione, in questo modo, oltre ad acquisire ulteriori elementi che ci aiuteranno nella comprensione del messaggio che ci viene rivolto, trasmetteremo a nostra volta al nostro interlocutore l'informazione che abbiamo pienamente compreso e siamo stati coinvolti con successo nel processo comunicativo sia per quanto riguarda il contenuto della comunicazione verbale, sia nel recepimento dei significati, spesso più importanti, trasmessi attraverso la comunicazione non verbale.

Vi sono tutta una serie di situazioni e di occasioni comunicative per le quali l'ascolto attivo è praticamente indispensabile, a titolo esemplificativo possiamo elencare:

- Conversazioni con i nostri capi riguardo a nuovi progetti e proposte di modifica di routine o processi produttivi.
- Nelle riunioni di lavoro per le quali siamo coinvolti attivamente.
- Nelle occasioni in cui qualcuno che ci è vicino, a livello sentimentale, familiare, sociale o lavorativo desideri parlarci di un argomento importante.
- Nell'ascolto di una persona cara che si confida con noi rivelando i propri pensieri, sentimenti e traguardi raggiunti o da raggiungere.

- Anche nella conversazione con i bambini, è molto importante adottare una modalità di ascolto attivo, in maniera tale da fornire loro tutta la comprensione e l'aiuto di cui hanno bisogno.
- Tutte le situazioni comunicative nelle quali vi sia un argomento serio e importante da conoscere ed eventualmente da valutare.

Da quanto ho affermato a proposito dell'ascolto attivo, è chiaro che esso non esaurisce tutte le modalità di ascolto nell'ambito della comunicazione interpersonale. Infatti, in contrapposizione all'ascolto attivo possiamo parlare dell'**ascolto passivo**, ossia di quell'attività di ascolto che è simile al sentire, al semplice udire una comunicazione, sia che essa provenga da una persona vicina a noi, sia che essa si svolga al telefono, nell'ambito di una chat su internet o che provenga dalla tv, dalla radio o da altro mezzo di comunicazione di massa.

Si tratta normalmente di una comunicazione monodirezionale, cioè che si svolge a senso unico, con un feedback molto ridotto o addirittura nullo su quanto viene ascoltato e percepito. Richiede uno sforzo e una concentrazione ridotta e si può intuire che è probabile che importanti parti del messaggio trasmesso non vengano comprese e valutate a causa della carenza di attenzione da parte dell'ascoltatore. L'ascoltatore passivo non mantiene un contatto visivo con colui che parla, né riesce a fornire un riscontro del fatto che egli sta ascoltando. È addirittura probabile che l'ascoltatore passivo possa cadere nel sonno, il che non è necessariamente un fatto negativo. Possiamo pensare ad una noiosa lezione nella quali l'insegnante in classe non riesce ad ottenere l'attenzione degli studenti che tendono a distrarsi ed impegnarsi in altre e più piacevoli attività, oppure a situazioni nelle quali potremmo utilizzare un noioso discorso o una trasmissione su un argomento a noi estraneo per conciliare il sonno, ad esempio alla sera sul nostro comodo divano.

Un terzo, e sicuramente più coinvolgente e gratificante livello dell'ascolto è dato dal cosiddetto **Ascolto empatico,** la cui fondamentale importanza è ormai riconosciuta da tutti gli studiosi quando parliamo di comunicazioni che coinvolgono la sfera delle emozioni e delle relazioni sentimentali. L'ascolto empatico consiste nel comunicare con una persona senza pregiudizi, dandogli piena attenzione ed anzi immedesimandoci e facendo nostro il messaggio che riceviamo. Attraverso l'empatia, infatti cerchiamo di capire e di compenetrarci con le emozioni, i sentimenti, il mondo interiore di un'altra persona attraverso le sue parole o la sua comunicazione non verbale apprezzandone i punti di vista e non cercando di imporre la nostra visione delle cose ed i nostri giudizi. Esso implica il passaggio dal nostro mondo a quello dell'altro ed è una maniera molto efficace con la quale riusciamo a conoscere in pieno l'animo di un'altra persona, le sue emozioni, i suoi problemi e le sue valutazioni in profondità e rispettando il suo mondo interiore.

Nel mondo di oggi, dove distrazioni di ogni genere fanno ormai parte del nostro quotidiano, un mondo nel quale siamo ormai rintracciabili ovunque grazie ai telefoni cellulari che sono quasi diventati un'appendice del nostro corpo, arrivare ad un livello così elevato di ascolto non è un'impresa affatto facile. Non esiste praticamente più il silenzio, sepolti come siamo da migliaia di e-mail, messaggi WhatsApp, notifiche da parte delle centinaia di applicazioni che abbiamo installato sui nostri portatili e dalle serie televisive che sembrano esercitare un'attrazione alla quale è molto difficile resistere.

Uno studio condotto da Microsoft nel 2019 ha dimostrato che il tempo di attenzione che mediamente dedichiamo ad un messaggio, un articolo, un video su internet o una conversazione è di circa 5 secondi. In altre parole, difficilmente la nostra mente riesce a concentrarsi su qualcosa per più di cinque secondi e la nostra attenzione salta continuamente da un punto ad un altro.

Se ci guardiamo attorno ci accorgeremo sicuramente che in queste condizioni è inevitabile che vi siano problemi di comunicazione, tra genitori e figli, all'interno delle coppie, a scuola, al lavoro, nelle istituzioni, nel mondo della politica ed anche nelle relazioni internazionali.

Tutti noi, chi più e chi meno ha certamente sperimentato di problemi di comunicazione e l'origine di questi problemi sta proprio nella nostra incapacità generalizzata di ascoltare in maniera empatica.

Imparando a praticare l'ascolto empatico, noi miglioreremo la nostra comprensione verso gli altri, e attraverso essa le nostre relazioni interpersonali.
Oltre a ciò, l'ascolto empatico ci aiuterà a realizzare una società più cooperativa, poiché riusciremo a comprendere di più i bisogni e le esigenze del nostro vicino, riusciremo ad immedesimarci e a comprendere in maniera migliore i suoi problemi.

Ma come possiamo imparare ad ascoltare in maniera empatica?
Per riassumere, come abbiamo detto, l'ascolto attivo e quello passivo vengono esercitati a seconda delle situazioni, non possiamo dire che l'uno sia preferibile all'altro.
L'ascolto attivo è indispensabile quando siamo coinvolti in situazioni che necessitano la nostra attenzione e il nostro coinvolgimento, ad esempio in comunicazioni di lavoro, nelle situazioni nelle quali dobbiamo acquisire nuove nozioni o conoscenze, a scuola o all'università o in importanti e serie conversazioni con i familiari o gli amici.
L'ascolto passivo è più adatto a situazioni nelle quali siamo rilassati e magari troviamo piacevole e

divertente distrarci un po'. Ma è soltanto attraverso l'ascolto empatico che riusciremo a compenetrarci e a condividere pienamente i pensieri, le gioie, i timori e le emozioni di un'altra persona, ed è un'attività di ascolto e di comunicazione che normalmente riserviamo a situazioni di profondo coinvolgimento sentimentale e spirituale.

Migliorare l'ascolto

Di seguito darò alcuni consigli per migliorare le nostre abilità di ascolto, avvertendo che, come qualunque altra abilità, anche questa, una volta appresa, deve essere costantemente esercitata e messa in pratica nella vita di tutti i giorni. Questo aggiungerà un ulteriore elemento che ci consentirà pian piano di diventare degli ottimi ed efficaci comunicatori.

1) Rimuovere le fonti di distrazione
   Il primo consiglio non può che essere quello più ovvio. Per essere dei buoni ascoltatori dobbiamo eliminare tutte le possibili cause di distrazione, a partire da quella più onnipresente nella nostra vita, ossia il nostro cellulare, di cui potremo finalmente fare a meno per qualche minuto. Dovremmo cercare allo stesso modo di evitare la televisione o il computer, spegnendoli o mettendoli in stand-

by.
Se percepiamo la presenza di ulteriori fonti di distrazione, dovremmo fare in modo da impedire che possano disturbarci, ad esempio se notiamo fuori la finestra qualcosa che attira la nostra attenzione, chiudiamola o tiriamo le tende.

2) Poniamoci in "posizione di ascolto"
    Assumendo una postura che indichi chiaramente al nostro interlocutore la nostra intenzione di ascoltarlo attentamente, lo incoraggeremo a parlare con noi.
    Guardiamolo negli occhi (senza esagerare), in maniera da mostrare interesse e cerchiamo di focalizzarci su quello che ci comunica, se siamo d'accordo possiamo anche fare dei cenni con la testa che lo incoraggeranno e lo indurranno a proseguire.

3) Teniamo presente che c'è sempre da imparare dagli altri.
    Se trascorreremo più tempo ad ascoltare gli altri, avremo anche l'occasione di imparare un sacco di cose. Tutti possono insegnarci qualcosa, perché ovviamente non possiamo sapere tutto, anzi, nel caso qualcosa non ci fosse ben chiaro, chiediamo pure chiarimenti al nostro interlocutore, questo è anche un ulteriore modo per dimostrare il nostro interesse alle sue argomentazioni.

4) Mostriamo empatia

Come affermato prima, attraverso l'ascolto empatico ci poniamo nei panni dell'altra persona in modo da immedesimarci con quest'ultima.

Non dico che dobbiamo necessariamente essere d'accordo con quanto ci viene comunicato, ma certamente potremo comprendere ciò che pensa e i motivi delle sue posizioni. Se riusciremo a comprendere le sue motivazioni interiori potremo dire che il processo comunicativo avrà comunque avuto esito positivo.

5) Memorizziamo quanto abbiamo ascoltato.
Questo è un modo per confermare anche a noi stessi che realmente abbiamo prestato la dovuta attenzione alla comunicazione ricevuta.

Prima di congedarci dal nostro interlocutore proviamo a ripetere a noi stessi l'oggetto e le parti importanti della comunicazione, e nel caso di dubbi, facciamoceli chiarire dalla stessa persona con cui abbiamo parlato, per essere sicuri di aver compreso correttamente il senso e il significato della comunicazione.

Una volta rimasti soli proviamo quindi a ricordare e a mettere eventualmente in forma scritta il contenuto della conversazione.

Più saremo stati attenti, più avremo memorizzato il contenuto della comunicazione e meglio riusciremo a renderlo in forma scritta.

6) La vostra opinione talvolta non è richiesta.
Spesso le persone interloquiscono con noi
non tanto per ascoltare le nostre opinioni o i
nostri consigli, ma per darci informazioni a cui
tengono o che sono particolarmente
importanti per loro o anche semplicemente
per sfogarsi.
In questo caso non dovrete far altro che
ascoltare. Se capite di essere in una situazione
del genere, aspettate che sia lo stesso
interlocutore a chiedere il vostro aiuto o il
vostro parere. Evitate quindi di pensare in
anticipo alle possibili risposte, cosa che vi
porterebbe fatalmente a distrarvi e a perdere il
filo, ma concentratevi unicamente sulle sue
parole.

7) Incoraggiate l'interlocutore a parlare.
Se volete davvero sviluppare le vostre capacità
di ascolto, aspettate sempre che colui che
parla abbia terminato la frase, anche se
percepite pause o incertezze nel discorso. Se
la persona vorrà davvero continuare, porterà
comunque a termine il discorso.
Evitare le interruzioni, incoraggerà la persona
a continuare, una tecnica ben conosciuta
nell'ambito giornalistico. Al termine potete
anche ripetere in tono interrogativo le sue
ultime parole o chiedere: " Davvero?" ciò
incoraggerà a continuare il discorso, magari

arricchendolo di particolari o affrontandolo da un'altra angolazione.

8) Non perdetevi nei vostri pensieri.
Potrebbe essere uno dei consigli più difficili da seguire e da mettere in pratica.
In effetti quando ascoltiamo un discorso su un argomento da cui non ci sentiamo coinvolti è molto frequente che ci perdiamo nei nostri pensieri. È importante invece evitare di pensare a nient'altro che non sia la comunicazione che ci viene rivolta e l'argomento che ci viene sottoposto; dobbiamo mantenere il focus della nostra attenzione sull'interlocutore. Avremo altre occasioni per pensare a tutti i nostri impegni futuri o alle cose che dobbiamo ancora fare. Dobbiamo ripetere a noi stessi che la cosa più importante in quel momento è quello che stiamo ascoltando, non il resto. Se necessario, se ci rendiamo conto che la nostra attenzione non è stata totale perché ci siamo distratti per seguire il filo dei nostri pensieri, chiediamo pure allo speaker di ripetere il concetto che ci è sfuggito.

9) Lasciate che parlino di voi.
Se il vostro interlocutore ha qualcosa da dire su di voi in particolare o anche se ha da rivolgervi una critica, lasciate che lo faccia liberamente e che sviluppi le proprie argomentazioni fino in fondo. Soltanto dopo

che avrà espresso le proprie idee e le proprie valutazioni su di voi, potrete chiedere di discutere la situazione insieme.

Se non lasciate terminare l'altra persona, non potrete successivamente interagire con calma e determinazione per ribattere alle critiche che vi sono state rivolte ed eventualmente per convincere l'interlocutore che tutto sommato quelle critiche non hanno fondamento.

L'ascolto richiede sforzo e concentrazione, ma può dare grandi soddisfazioni. Esercitandovi quotidianamente ed allenando le vostre abilità di ascoltare gli altri diventerete un interlocutore interessante, gradevole, a cui tutti vorranno parlare.

Sarete quindi sulla buona strada per divenire un comunicatore davvero efficace.

Comunicazione efficace al lavoro

Abbiamo sin qui discusso della grande importanza dei processi comunicativi e di come poter aumentare l'efficacia degli stessi nel contesto dei diversi ambiti e delle diverse comunità nelle quali tutti noi ci troviamo a svolgere la nostra quotidianità, come la famiglia, le relazioni sentimentali e la nostra cerchia di amicizie e conoscenze.

In questo capitolo vorrei accennare alle particolarità delle interazioni comunicative negli ambienti lavorativi; tutti voi potrete facilmente immaginare come in questo particolare contesto una corretta ed efficace gestione della comunicazione possa assumere un significato ed una rilevanza, se possibile, ancora maggiore. Mi limiterò solo ad un accenno a questa particolare branca della scienza della comunicazione perché il campo e troppo vasto e forse merita una trattazione specialistica, cosa che magari realizzerò con un lavoro specificamente dedicato alla comunicazione nell'ambito lavorativo.

Possiamo quindi dire che nell'ambito del lavoro e delle attività produttive, una efficace comunicazione è cruciale per permettere lo svolgimento di tutte le funzioni e i compiti tipici di una organizzazione complessa come un'azienda, un ente pubblico, o anche una organizzazione con finalità educative come la scuola o l'università. In questi contesti una corretta comunicazione svolge anche la funzione di rafforzare la fiducia reciproca, promuovere i valori e i principi tipici della organizzazione considerata e, in ultima analisi, contribuire all'aumento della produttività, della redditività e dell'efficienza dell'intera organizzazione.

La comunicazione sul lavoro ha anche l'importante ruolo di porsi come strumento per il superamento di differenze culturali, di estrazione sociale, di educazione e di nazionalità rafforzando la cooperazione tra gli individui, favorendo la condivisione degli obiettivi e lo spirito di squadra che in una organizzazione aziendale è un fattore cruciale per il raggiungimento degli obiettivi, per venire incontro alle esigenze della clientela o degli utenti, per competere in maniera efficiente con i concorrenti.

Infatti, anche se queste differenze possono essere viste come un arricchimento che può portare talvolta effetti positivi sulle motivazioni del personale, più spesso esse costituiscono ostacoli che hanno la loro causa principale nelle barriere interculturale che molto spesso sono fonte di problemi di varia nature nell'ambito delle organizzazioni complesse, articolate e multiculturali.

In questi casi è fondamentale da parte dell'organizzazione adottare modelli di comunicazione che possano evitare ostilità, risentimenti, formazione di fazioni contrapposte promuovendo innanzitutto valori come il rispetto, la tolleranza, la comprensione e l'accettazione delle differenze.

Il raggiungimento di risultati positivi da parte dell'organizzazione presuppone che sia la dirigenza che i quadri intermedi devono essere in grado di interagire in maniera efficace, chiara e precisa tra loro e con la forza lavoro utilizzando al massimo la comunicazione verbale e non verbale e cercando di evitare confusione ed equivoci, che causerebbero perdite di tempo e di denaro danneggiando, talvolta in maniera irreparabile, gli interessi dell'azienda.

Anche una corretta comunicazione da parte dell'organizzazione verso i propri azionisti o comunque i propri referenti e verso pubblico esterno all'azienda è importante per trasmettere e condividere in maniera corretta con questi soggetti le informazioni importanti sui valori, sulla mission e sugli obbiettivi aziendali

Anche se le comunicazioni dell'azienda con la propria clientela relative al prodotto e alla promozione delle vendite fanno parte delle tecniche più correttamente inquadrate nell'ambito del marketing o della pubblicità e dovrebbero essere delegate agli specialisti di questi settori, e pur non potendocene occupare nell'abito di questo volume, dobbiamo far notare che esse rientrano tutte nel vastissimo campo della comunicazione aziendale e quindi devono sottostare agli stessi principi che regolano la comunicazione efficace di cui stiamo discutendo.

Vorrei ora fornire alcune indicazioni pratiche su come migliorare e rendere più efficace la comunicazione nelle aziende e negli ambienti lavorativi in generale, in maniera tale da poter raggiungere con minore difficoltà gli obiettivi e le finalità dell'organizzazione in oggetto.

Il requisito fondamentale della comunicazione in ambiente lavorativo è quello di dover essere chiara, precisa e sintetica; se necessario sarà utile ricorrere al messaggio visivo tutte le volte che ciò sia possibile; ad esempio, l'uso di disegni e illustrazioni può essere un'ottima soluzione per rendere più comprensibile il messaggio.
Fornire immagini o elementi interattivi può infatti supportare meglio coloro che apprendono più efficacemente attraverso l'uso della vista rispetto all'ascolto.

Il livello di dettaglio della comunicazione deve inoltre essere adeguato alle possibilità di comprensione del ricevente.
Troppi dettagli finiranno per annoiare chi li riceve, mentre troppo pochi rischiano di aumentare l'incertezza sui contenuti e sul senso del messaggio.

Bisognerà inoltre cercare di evitare al massimo ogni alterazione dello stesso e incoraggiare la discussione sui messaggi inviati e ricevuti allo scopo di renderli più chiari tutte le volte che vi possa essere qualche dubbio sul reale significato degli stessi.

È chiaro, in ogni caso, che l'efficacia della comunicazione in ambiente di lavoro risente direttamente del clima e della qualità delle relazioni tra le persone coinvolte, vi è perciò bisogno di un clima di fiducia reciproca e devono essere evitate tensioni e inimicizie tra tutti i componenti dei diversi team di lavoro e, a maggior ragione, all'interno dello stesso team.

Bisogna notare che negli ultimi anni è aumentato esponenzialmente l'uso delle comunicazioni via e-mail e messaggistica, che se da un lato hanno il pregio di aumentare la chiarezza e ridurre le erronee interpretazioni, dall'altro lato possono causare problemi dovuti alla mancanza del confronto diretto, del dialogo continuo e alla carenza di condivisione emotiva tra le persone coinvolte nel processo comunicativo.

Alcune aziende ed organizzazioni hanno cominciato ad adottare anche i social media come mezzo per la trasmissione delle comunicazioni; ci riferiamo non solo a Twitter e Facebook, ma anche a WhatsApp, che per mezzo della famigerata e talvolta odiata spunta blu è in grado di dirci se il messaggio inviato è stato letto oppure no.

Possiamo affermare infatti che l'efficacia della comunicazione è massima soltanto quando il messaggio, oltre che essere inviato, sia stato ricevuto, letto e compreso; da questo punto di vista l'uso della comunicazione via WhatsApp può fornire un grande aiuto, ma bisogna anche in questo caso notare che l'uso eccessivo dei social media tende a distrarre i dipendenti o coloro che ricevono le informazioni, ma spesso e volentieri anche il management o i responsabili che le inviano!

Bisogna prestare particolare attenzione anche alla frequenza della comunicazione. Se questa è troppo poco frequente o eccessivamente frequente, rischia di essere controproducente e di avere degli effetti negativi. Per il corretto funzionamento dell'organizzazione è necessario quindi trovare il giusto equilibrio relativamente alla frequenza, così come sarebbe opportuno che le informazioni importanti vengano diffuse quando ve ne sia la necessità e non tenute riservate o nascoste per i più vari motivi. Ciò rischierebbe di compromettere seriamente la fiducia ed il coinvolgimento dei dipendenti nei confronti del management.

Un altro fattore da tenere presente è quello relativo alla distinzione tra comunicazioni formali e informali, anche su questo c'è bisogno di un corretto bilanciamento tra le due categorie tenendo però a mente che spesso, i destinatari del messaggio tendono a preferire le comunicazioni di tipo informale perché le percepiscono come più dirette ed utili rispetto a quelle di tipo formale.

In ultima analisi, da tutto ciò che ho affermato detto, possiamo tranquillamente concludere che maggiore sarà l'efficacia della comunicazione da parte di qualunque organizzazione, migliori saranno i risultati che questa potrà raggiungere in tutti gli aspetti e gli ambiti della propria attività.

Parlare in pubblico

Vorrei ora accennare ad un altro ampio ed affascinante campo della comunicazione umana, quello del parlare in pubblico.

Si tratta di un'abilità comunicativa che tutti noi vorremmo o dovremmo conoscere, perché nel corso della nostra vita, sia essa vita privata, in famiglia, con gli amici o anche al lavoro o in occasioni collegate ad esso, ci sarà capitato di dover parlare una platea composta da poche o molte persone.

Molte statistiche ci mostrano che l'azione del parlare in pubblico viene spesso guardata con paura se non con terrore dalla maggioranza delle persone persino da parte di attori famosi od oratori con anni di esperienza di discorsi pubblici alle spalle.

Sarà capitato a tutti di provare un certo nervosismo e una certa agitazione prima del confronto col pubblico.

La prima cosa da sapere a proposito del parlare in pubblico è che non c'è bisogno di essere dei grandi comunicatori o delle persone naturalmente estroverse per parlare efficacemente in pubblico, tutto quello di cui c'è bisogno è: preparazione.

Vedremo infatti tra poco che essere preparati è uno dei fattori essenziali per avere buone prestazioni quando parliamo in pubblico, ci aiuta a focalizzarci sul cosa come e perché trattare un certo argomento.

Quando parlo di preparazione intendo non solo l'essere preparati rispetto all'argomento che andremo a trattare ma anche l'acquisizione di una certa impostazione mentale che ci permetterà di essere quanto più possibile naturali e disinvolti davanti al nostro pubblico.

Spiegherò meglio cosa intendo: per adattare la vostra esposizione al pubblico che avete di fronte avete bisogno di sapere con esattezza chi è il vostro pubblico, da quante persone è composto? Da quali persone è composto?

Dovete cercare sempre di adattare il contenuto del vostro discorso al pubblico che vi troverete di fronte.

Se ad esempio siete di fronte a un pubblico giovane potete tranquillamente fare un certo utilizzo del gergo giovanile, mentre se siete di fronte ad un pubblico con età media più elevata certamente non potrete fare la stessa cosa. Inoltre, non dovete cadere nell'errore di presupporre che il vostro pubblico abbia le stesse conoscenze di base che avete voi. Quindi riassumendo dovete sempre chiedervi chi sono queste persone? Quali conoscenze hanno? Quali elementi posso andare a trattare per stuzzicare la loro attenzione?

È inoltre importante focalizzarvi al massimo sull'argomento che andrete a trattare.

Dovrete essere pienamente consapevoli e preparati su tutti i risvolti dell'argomento del vostro discorso. È presumibile, infatti, che il motivo per cui siete stati chiamati a trattare quel determinato argomento sia proprio il fatto che siete degli esperti in quel campo o perlomeno che abbiate una adeguata conoscenza dello stesso. Dovrete inoltre aver preparato in anticipo almeno uno schema di massima su quello che sarà il vostro discorso e sui punti sui quali vorrete soffermarvi.

Vi sarà molto utile anche tenere una traccia scritta su quelli che ritenete essere stati gli effetti della vostra esposizione e in che modo essa potrebbe aver influenzato il vostro pubblico.

A proposito della preparazione, è utile considerare anche come affronterete l'inevitabile condizione di stress e di tensione nervosa che precederà il vostro incontro col pubblico.

Abbiamo visto che capita anche agli oratori più esperti di sentirsi nervosi, stressati, ad anche emozionati prima di una esibizione in pubblico.
La cosa importante è sapere che questa tensione può e deve essere sfruttata a vostro vantaggio perché essa vi fornirà l'energia giusta per rimanere concentrati sull'obiettivo di catturare e impressionare favorevolmente il vostro pubblico.

Si tratta in fin dei conti soltanto di sfruttare a vostro vantaggio questa energia e pensare che se siete così tesi è perché avete un compito importante da svolgere e argomenti importanti da trasmettere alla vostra audience.

Se però avvertite che la tensione diventa eccessiva, trovatevi uno spazio di privacy, praticate un po' di stretching a livello sia muscolare e di articolazioni. Praticate anche una sorta di training vocale, facendo anche prove dell'inizio del vostro discorso e ripetizioni dei punti che considerate importanti.
Una volta che avrete acquisito maggiore familiarità con l'inizio, dovreste richiamare alla mente il resto molto più facilmente.
Per aiutarvi nella fluidità del discorso, provate ad eseguire questo semplice esercizio: Posizionate la lingua tra i denti senza però stringere forte e pronunciate le prime parole del discorso, ad un certo punto rilasciate la lingua e continuate a parlare, almeno per due/tre minuti, tutto ciò vi aiuterà a sciogliere bene la lingua. Questa pratica, inoltre, vi aiuterà tantissimo ad attenuare la tensione e vi farà sentire pronti ad arringare la "*vostra folla*".

Se avvertite secchezza alla bocca e alla gola, procuratevi una bottiglietta d'acqua ed un bicchiere ed assicuratevi di averli sempre a portata di mano.

Per essere naturali avremmo inoltre bisogno di capire come sfruttare al meglio le nostre espressioni facciali, il nostro tono di voce, gli atteggiamenti del corpo e tutte quelle caratteristiche che fanno parte della comunicazione non verbale.

Questo è veramente il fattore determinante per catturare l'attenzione delle persone: più saremo naturali e disinvolti più riusciremo a focalizzare l'attenzione e a interessare il nostro pubblico.

Le posizioni del corpo, la postura, le espressioni facciali e i movimenti delle mani e delle braccia riveleranno al vostro pubblico molto più di quanto crediate; se i presenti percepiranno i vostri gesti come imbarazzati o all'opposto annoiati, il giudizio che daranno su di voi non potrà essere positivo.

Ecco qualche consiglio su come migliorare il vostro linguaggio non verbale.

Innanzitutto, siate ben piantati sulle vostre gambe, ed evitate i movimenti inutili, evitate soprattutto di ciondolare avanti e indietro senza alcun motivo.
I movimenti immotivati rivelano nervosismo e mancanza di feeling col vostro pubblico.
Per tale motivo dovreste essere consapevoli che i vostri spostamenti e i movimenti del corpo siano essenzialmente volti allo scopo di enfatizzare ed accompagnare il contenuto delle vostre parole e delle vostre intenzioni.

Il vostro sguardo deve essere sicuro e rivolto leggermente verso l'alto, la gestualità delle mani e delle braccia deve essere coerente con il contenuto del vostro discorso, e dovete in ogni caso evitare di dare le spalle al vostro pubblico.

Per quanto riguarda la gestualità delle braccia e delle mani, dovreste fare attenzione a movimenti bruschi e improvvisi e sforzarvi di essere lenti e sicuri, di evitare posizioni di chiusura su voi stessi ed assumere invece posizioni di apertura verso il prossimo.
Ad esempio evitate assolutamente di tenere le braccia conserte.
Dovreste cercare di essere quanto più possibile fluidi ed elastici senza però esagerare: non irrigiditevi non tenete le braccia troppo aderenti al corpo ma tenetele piuttosto ad una decina di centimetri di distanza.

Anche per quanto riguarda la gestualità delle mani dovete cercare di essere quanto più spontanei possibile, Fatevi guidare dal vostro istinto e dalla vostra passione cercando di controllare però gli eccessi.
Evitate di appoggiarvi a oggetti o a tavoli di fronte a voi, non giocate con oggetti che avete in mano e comunque non compiete azioni che potrebbero distrarre in qualunque modo il vostro pubblico.

Per impressionare il vostro pubblico dovete anche fare attenzione al tono di voce e alla velocità dell'eloquio.

Il vostro tono dovrebbe essere abbastanza sostenuto da essere chiaramente inteso da tutti, anche nel caso non disponiate di un microfono o di un sistema di amplificazione.

Attraverso la ripetizione e l'esperienza vedrete che riuscirete ad interiorizzare la giusta maniera per sottolineare e soffermarvi su quelli che sono per voi i passaggi più importanti.

Anche il silenzio e le pause possono aiutarvi a sottolineare un passaggio particolarmente significativo, vi aiuteranno a trasmetterlo più direttamente ed efficacemente ai vostri uditori.

Per ciò che concerne la velocità dell'eloquio, essa deve essere abbastanza sostenuta ma non esagerata, perché un'eccessiva velocità comprometterebbe irrimediabilmente la comprensione del vostro discorso.

Dovete anche essere consapevoli che potrebbero verificarsi degli imprevisti di vario genere: ad esempio un guasto nel sistema di amplificazione o degli improvvisi vuoti di memoria da parte vostra.

Mentre nel primo caso potete rimediare aumentando semplicemente il livello sonoro della vostra voce, oppure attendere che lo staff tecnico rimedi al problema.

Nel secondo caso invece potete effettuare una breve pausa che utilizzerete per effettuare uno o più respiri profondi in maniera tale da rilassarvi e aumentare la concentrazione anche a causa di un maggior afflusso di ossigeno al vostro cervello, in questo modo dovreste riuscire a superare la momentanea difficoltà. In ogni caso ricordate che anche in caso di problemi di memoria dovreste evitare di andare nel panico pensando che in fin dei conti il vostro pubblico non è lì per approfittare o ridere dei vostri errori, ma essenzialmente per ascoltare quello che avete da dire e se sarete riusciti già a far breccia nel cuore degli ascoltatori, molto probabilmente, essi saranno più che solidali con voi nel caso di difficoltà di questo genere.

Per quanto riguarda lo sguardo non concentratevi fissando una sola persona, ma cercate di includere l'interezza del vostro pubblico, passate in rassegna con il vostro sguardo l'intera sala cercando di includere tutta la vostra platea, fissate il vostro sguardo ora su un ascoltatore ora sull'altro e non soltanto su quelli a cui siete più interessati, ad esempio i vostri superiori. Spaziate quindi con lo sguardo in lungo ed in largo e sorridete spesso, ricordatevi di sorridere non solo con la bocca ma anche e soprattutto con gli occhi.
Se il vostro pubblico realizza che non siete felici la conseguenza sarà che la vostra esposizione non avrà la stessa efficacia che avrebbe potuto avere se foste stati in grado di trasmettere maggiore felicità.

Ciò che vi ho appena esposto sono solamente dei consigli generali, ma è ovvio che la massima efficacia nel discorso pubblico si raggiunge solamente con l'allenamento e con l'esperienza, molte volte sono necessari anni per giungere ad un eccellente un grado di efficacia.

Vedrete comunque che con l'impegno, la pazienza e l'esercizio riuscirete anche voi a diventare dei formidabili oratori.

La conversazione

Miglioriamo la nostra capacità di conversazione

Nei capitoli precedenti abbiamo parlato di una delle doti fondamentali che deve necessariamente possedere colui che aspira ad essere un buon comunicatore: l'ascolto.

Vedremo adesso che ascoltare è una attività ed un'abilità che si rivela indispensabile per acquisire buone capacità di conversazione, per poter interagire con naturalezza, spontaneità ed empatia con i nostri simili, sia con coloro che fanno già parte della nostra cerchia di conoscenze, sia con coloro che ancora non ne fanno parte, ed anche con le persone che non conosciamo ma con cui potrebbe essere utile e piacevole confrontarsi, anche se magari l'occasionale incontro, il fugace scambio di opinioni o la richiesta di informazioni non si trasformeranno mai in un rapporto di frequentazione continuativa.

L'abilità di conversare, in effetti è una delle attività comunicative che maggiormente ci coinvolgono, ci ispirano e ci arricchiscono, oltre che essere il presupposto indispensabile per iniziare ed approfondire la conoscenza con un'altra persona.

Cosa possiamo fare per migliorare le nostre abilità di conversazione e l'interazione con gli altri? Dobbiamo lasciare che la conversazione si svolga in maniera spontanea o dobbiamo seguire delle regole che ci aiutino a renderla più interessante e coinvolgente?

L'arte della conversazione è certamente un'arte tra le più antiche, infatti, sia gli antichi greci, che qualche secolo dopo, gli antichi romani furono dei veri maestri nelle abilità oratorie, poiché in queste antiche culture l'abilità di parlare in pubblico su questioni ed argomenti di comune interesse tra l'oratore ed il suo pubblico era ritenuta una grande dote personale. Dobbiamo però notare che, ai nostri giorni le modalità di conversazione si sono certamente trasformate e si sono evolute in una maniera tale che possiamo quasi affermare che tutti noi oggi abbiamo a che fare con un nuovo livello di comunicazione interpersonale, non necessariamente migliore, anche se sicuramente più efficace: quello della comunicazione virtuale.

Sin dai tempi della comparsa della telegrafia prima e del telefono successivamente, le modalità della conversazione interpersonale sono certamente cambiate in profondità. E' sicuramente diminuita la frequenza della comunicazione non verbale e dell'uso del linguaggio del corpo.

Le chat su internet ci forniscono inoltre una sorta di schermo protettivo e spesso di assoluto anonimato che non erano possibili nella conversazione faccia a faccia.

Ciò comporta tutta una serie di atteggiamenti e di comportamenti da parte digli interlocutori che non erano possibili in precedenza: Ad esempio, se il contenuto della conversazione non è di nostro gradimento, talvolta cediamo alla tentazione di riattaccare l'apparecchio o la chat nella quale eravamo impegnati, troncandola bruscamente e disimpegnandoci dall'affrontarla.

Come ho accennato in precedenza, uno degli assiomi fondamentali delle scienze della comunicazione afferma che nelle interazioni umane "*È impossibile non comunicare*". Ciò ha come conseguenza che anche l'assenza della comunicazione, ossia, il silenzio è una forma di comunicazione. Ma il silenzio, mentre assume un suo significato nelle comunicazioni viso a viso, non ha e non può avere molto spazio nelle comunicazioni remote, tipiche dei nostri tempi. Senza l'ausilio del linguaggio del corpo e della mimica facciale non è possibile dare un significato compiuto al silenzio, limitando sicuramente l'efficacia e la possibilità espressiva della interazione.

Questi aspetti caratteristici delle comunicazioni virtuali hanno come effetto collaterale una diminuzione della capacità di rimanere nel confronto con l'altro e di sostenerlo con la nostra presenza e i nostri argomenti. Sono tutti aspetti della comunicazione sui quali occorrerà riflettere seriamente, anche se forse vanno oltre lo scopo di questo libro che si propone essenzialmente di provare a migliorare le nostre abilità comunicative.

Mi limiterò quindi a sottolineare quelle che sono, a mio avviso le conseguenze più importanti ed evidenti di questo cambiamento epocale nelle modalità comunicative.

A questo riguardo, numerosi addetti ai lavori, tra cui cito Celeste Headlee, una scrittrice e giornalista americana, osservano che le conversazioni oggi, specialmente sui social, tendono ad essere più difficili poiché spesso le opinioni sono eccessivamente polarizzate verso posizioni estreme ed inconciliabili. Pensiamo ad esempio ad argomenti relativi alla politica o alla religione; oggi, molto più che un tempo, si ritrovano a confrontarsi opinioni inconciliabili tra loro.
La Headlee ha proposto un insieme di raccomandazioni per rendere più utili e costruttive le nostre conversazioni su qualunque argomento.

1) Siate presenti. Non è sempre né necessario né utile una modalità di pensiero multitasking. La conversazione implica sempre uno scambio. È importante essere presenti e concentrati sul

momento attuale e non lasciarsi portare lontano da idee o immagini che ci possono passare per la mente.

2) Non pontificate. Bill Nye, un famoso scrittore divulgatore americano diceva: "Tutte le persone che incontriamo sanno qualcosa che noi non sappiamo" Quindi evitiamo qualunque atteggiamento di superiorità e di chiusura e ricordiamo che avremo sempre da imparare qualcosa dagli altri.

3) Nelle nostre conversazioni adottiamo il comportamento degli scrittori e dei giornalisti che, per raccontare una storia utilizzano il metodo delle "5W" (in inglese What, who, where, when, why - Cosa, chi, dove, quando perché) queste informazioni sono indispensabili per orientare l'attenzione dell'ascoltatore e per fornire le informazioni necessarie, per avere un quadro completo dell'argomento di ciò si discute.

4) Seguiamo il flusso del discorso. Lasciamo che le idee fluiscano liberamente nella nostra mente. Talvolta è meglio lasciarsi trasportare dal flusso della conversazione invece di cercare di controllarla secondo uno schema predefinito; è meglio lasciarsi guidare dai concetti che emergono man mano e lasciarsi guidare dalle associazioni di idee che questi concetti provocano. Questa affermazione vale in modo particolare per gli introversi e i

timidi, poiché schemi eccessivamente rigidi di inquadrare la conversazione potrebbero inibire eccessivamente la manifestazione e l'espressione delle opinioni e delle idee.

5) Se non si sa qualcosa, non abbiate timore di ammettere che non lo sapete. In un'epoca di fake news dilaganti, avanzare dei dubbi e mettere in discussione quanto viene affermato non è segno di insicurezza o di ignoranza, ma di serietà e consapevolezza.

6) Non mettete le vostre esperienze personali e quelle del vostro interlocutore sullo stesso livello.

Talvolta le argomentazioni che riportano esperienze personali possono sembrare una buona soluzione per portare conforto e aiuto al nostro interlocutore, ma la maggior parte delle volte possono causare equivoci e generare la sensazione di non essere adeguatamente compresi e questo vale in particolar modo quando si tratti di argomenti delicati e di esperienze direttamente legate alla sofferenza sia fisica che psicologica.

7) Evitate troppi dettagli. i giorni nostri la capacità di mantenere l'attenzione sembra relativamente limitata e ha bisogno di essere gestita con cura. Troppi dettagli e una mole eccessiva di informazioni, magari non tutte necessarie sono difficili da gestire e da memorizzare. Andate diretti al punto e cercate

di essere quanto più concisi possibile.

8) Ascoltate con attenzione. Abbiamo già accennato all'importanza dell'ascolto nell'ambito della comunicazione efficace tra due o più individui, e parlando dell'abilità oratoria potrebbe sembrare una raccomandazione superflua, ma vi assicuro che non lo è affatto. Mentre il parlare ci fornisce una sensazione di controllo, l'ascolto implica uno sforzo che mette alla prova la nostra capacità di attenzione a quello che ci dicono gli altri. Siamo infatti quasi sempre talmente concentrati su quello che diciamo e sulla impellente necessità di esporre le nostre opinioni e le nostre esperienze che spesso dimentichiamo di ascoltare e di recepire le idee e le esperienze altrui.

Come è facile notare, si tratta di argomentazioni utili e di buon senso, ma vorrei riportare l'opinione di qualche altro esperto sull'argomento; ad esempio, del filosofo inglese Herbert Paul Grice che propose le sue "Massime sulla conversazione" negli anni '70, ma che risultano ancora oggi estremamente attuali nonché eccellenti per aiutarci ad ottenere il massimo dalle nostre abilità di conversazione. Queste massime si focalizzano essenzialmente su quattro aspetti: *quantità, qualità, relazioni e modi.*

Per ciò che concerne la *Quantità*, Grice raccomanda di fornire la giusta e necessaria quantità di informazioni, niente di meno e niente di più.

Relativamente alla *Qualità* egli afferma di evitare di riportare informazioni di cui non siamo certi o di cui non possiamo fornire le prove della loro veridicità. Riguardo alle *Relazioni* l'autore suggerisce che nel relazionarci alle altre persone, dovremmo sempre attenerci al merito della conversazione ed evitare interpretazioni di parte.

Per quanto riguarda i *Modi* secondo Grace dovremmo evitare il più possibile le ambiguità e cercare di essere il più chiari e diretti possibile.

Per concludere questa panoramica, accennerò ai consigli dell'esperto di comunicazione Julian Treasure secondo il quale è molto importante evitare alcune abitudini o atteggiamenti che tendono ad irritare e a contrariare il nostro interlocutore. In concreto egli raccomandava di:

1) Evitare un atteggiamento giudicante e di emettere giudizi morali. Infatti, risulterà molto difficile comunicare efficacemente con qualcuno da cui ci si sente giudicati.

2) Non trasmettere negatività. È difficile ascoltare e concedere la nostra attenzione a qualcuno che è sempre eccessivamente pessimista e negativo. Questo tipo di atteggiamento, infatti, è spesso causa di stanchezza e irritazione da parte dell'ascoltatore.

Per concludere, una buona e soddisfacente conversazione può certamente nascere e svilupparsi in maniera spontanea, ma può e deve essere migliorata e perfezionata seguendo e attenendosi a questi pochi e semplici consigli.

È però ovvio, che, come tutte le capacità e le abilità, anche l'arte del conversare si impara e si perfeziona con l'applicazione e l'esercizio. Risulta quindi fondamentale per tutti coloro che aspirano a diventare dei buoni comunicatori e degli ottimi conversatori, praticare ed esercitare costantemente questa abilità cercando di seguire e mettere in pratica i consigli degli esperti che ho riportato in precedenza, ed anche provare a valutare i cambiamenti e i progressi ottenuti.

Delle pratiche e degli esercizi per migliorare il livello della nostra conversazione avremo occasione di parlarne ancora nel seguito di questo volume approfondendo la conoscenza dell'arte della conversazione.

Comunicare per conoscere

Abbiamo già accennato in precedenza alle diverse modalità con le quali gli esseri umani comunicano tra loro. Abbiamo parlato in particolare della comunicazione verbale e di quella non verbale, dei messaggi che vengono trasmessi attraverso il tono di voce, la mimica facciale e la postura.

Ora vorrei esplorare una forma di comunicazione che si avvale di tutte queste modalità comunicative e che viene usata sin dalla notte dei tempi dagli esseri umani per connettersi tra loro ad un livello che non sia solamente quello dello scambio di informazioni e conoscenze, ma comporti anche una connessione emotiva con lo scambio reciproco di pensieri, emozioni, sentimenti, stati d'animo, impressioni e sensazioni.

Questo scambio emotivo si realizza iniziando dalla conversazione, dal dialogo tra due o più persone, che, non a torto viene spesso definita come arte.

Se cerchiamo una definizione di che cosa sia la conversazione tra due o più persone, capiremo che si tratta di una forma di comunicazione spontanea e che si tratta di una parte davvero importante nel processo di socializzazione.

Nella conversazione hanno una parte egualmente importante sia le modalità della comunicazione verbale, che quelle che generalmente vengono comprese nella sfera della comunicazione non verbale.

La pratica comunicativa che abbiamo definito conversazione, a seconda degli ambiti e degli scopi generalmente comprende anche quella che viene definita arte o abilità oratoria che consiste nelle comunicazioni che in genere un oratore trasmette ad una pluralità di ascoltatori, e tratta argomenti di natura politica, economica o a finalità educativa, come le lezioni o i seminari, o anche professionale, che riguarda prevalentemente gli ambiti dell'attività lavoro e il mondo delle professioni.

Nel seguito di questo libro vorrei soffermarmi in modo particolare, più che altro sulla conversazione informale, su quello scambio comunicativo spontaneo e genuino che si stabilisce tra due persone che spesso non si conoscono o si conoscono soltanto superficialmente e che attraverso questa forma di contatto sociale stabiliscono una relazione di conoscenza e confidenza tra loro, che potrà poi eventualmente evolvere in un rapporto più profondo come amicizia o amore.

A questo proposito dobbiamo notare che alcune persone sono dotate di un'abilità naturale per la conversazione, anche nei confronti di persone che non hanno mai incontrato prima.

Si tratta di coloro che possiamo definire come dei veri e propri maestri di quest'arte e sono perfettamente a loro agio in qualunque genere e occasione di discussione, sono infatti in grado di sostenerla sempre con fluidità, con naturalezza.

Ma per gli altri le cose non sono così naturali, né tantomeno facili.

A volte può capitare di chiacchierare con persone conosciute da poco per poi trovarsi a corto di argomenti, rimaniamo senza sapere cosa dire e possiamo persino sembrare un po' sciocchi.

Queste spiacevoli sensazioni fanno nascere in noi una sorta di paura nell'intavolare nuove conversazioni, in particolare con persone che non conosciamo, e sempre più spesso rinunciamo alla possibilità di chiacchierare con un estraneo per evitare di finire nel ridicolo.

In ogni caso sapere come iniziare una conversazione è un'abilità notevole, oltre che utilissima, sia sul piano dei rapporti interpersonali, sia sul piano delle relazioni professionali. Tutte le relazioni e le collaborazioni tra due o più persone hanno inizio da una semplice conversazione e se non ci parliamo almeno per un po', non sapremo mai, se quella persona potrà essere un buon partner, un cliente o un potenziale collaboratore.

Se foste una persona molto concentrata sugli obiettivi

e sul conseguimento di risultati sempre migliori, potreste pensare che l'arte di intrattenere conversazione sia poco più che una perdita di tempo; dovreste però iniziare a considerarla come un modo tra i più immediati per conoscere le persone e, dall'altro lato, per essere conosciuti.

Ad esempio, poniamo che voi, come abbiamo detto siate totalmente focalizzati sul vostro lavoro; ponetevi ora la domanda: "Come sono arrivato sin qui?"
Se siete un dipendente, con ogni probabilità avrete dovuto convincere un selezionatore o un funzionario delle risorse umane per essere assunti, e state pur certi che il giudizio finale nei vostri confronti viene quasi sempre determinato dall'esito della conversazione che avrete avuto con lui.
Anche se siete un lavoratore autonomo o un imprenditore avrete certamente presente l'enorme importanza che hanno le relazioni umane nel vostro lavoro, e le buone relazioni, nella maggioranza dei casi si formano sempre attraverso una buona capacità di dialogo, attraverso l'abilità del parlare con gli altri.

Se vi ponete dall'altro lato della barricata, il concetto non cambia: poniamo che dovete decidere tra due persone per l'affidamento di un compito importante per l'ufficio di cui siete responsabili: dei due candidati entrambi hanno esperienza in questo genere di compiti, ma mentre uno vi ha fatto una buona impressione soprattutto grazie alla spontaneità e alla piacevolezza della conversazione che avete avuto, l'altro vi ha invece risposto in maniera non entusiasta e non ha fatto alcuno sforzo per creare empatia tra di voi, chi scegliereste tra i due?

A questo unto potreste ribattere: "Sono stati simpatici e interessati soltanto per ottenere il lavoro, non scelgo le persone in base a questi giudizi che ritengo superficiali."
Eppure, posso dirvi che, se sarete in possesso dell'esperienza e della pratica nell'arte della conversazione potrete dire di riuscire a conoscere in profondità una persona attraverso di essa, e in genere non si tratterà affetto di un giudizio superficiale.
Per giungere a questo livello, ovviamente occorre esercitarsi e non sottrarsi al confronto con il prossimo; a questo proposito, come di consueto, cercherò di darvi qualche indicazione.
Non importa quanto siate inesperti nel gestire una conversazione, pensate soltanto che con la pratica e le corrette strategie potete senz'altro migliorare ed arrivare a padroneggiare l'arte della conversazione.

Cominciamo con l'affermare che se volete conoscere davvero il vostro interlocutore, dovete evitare di monopolizzare la conversazione, non tartassatelo con domande personali come se foste degli agenti di polizia, ma ponetevi soprattutto all'ascolto in un atteggiamento di scambio reciproco e lasciate che percepisca il vostro reale interesse verso di lui; non si tratta di scambiare frasi banali e di circostanza, ma dovete cercare una strada per dare vita a una sincera conversazione che vi possa aprire le porte della fiducia reciproca e di uno scambio autentico. Ricordate sempre che dovete parlare davvero con colui che avete di fronte e che non si tratta semplicemente di riempire i silenzi.

Come ho già detto per comunicare con efficacia, dovete fare vostri alcuni principi che, in generale si applicano a qualunque situazione comunicativa, ma ancor di più saranno utili qualora vogliate entrare in confidenza con una persona che non conoscete o con la quale non avete mai avuto molta confidenza:

1) Interessatevi agli altri con sincerità.
   Si tratta sicuramente di un interesse vero, autentico, dovete fare attenzione a tutte le manifestazioni comunicative del vostro interlocutore, sia quelle verbali che quelle che appartengono al linguaggio del corpo per decifrare con attenzione il suo messaggio. Ricordate inoltre che se tenterete di simulare un finto interesse ed un atteggiamento empatico forzato, sarà proprio il vostro linguaggio del corpo a tradire la vostra finzione. Il risultato potrebbe essere contrario a quello desiderato di iniziare o approfondire un rapporto umano e potrà spingere l'altro ad allontanarsi da voi.

Gli atteggiamenti che rivelano un sincero e reale desiderio di dialogare sono abbastanza chiari: La postura è di solito eretta, le braccia sono leggermente aperte e il viso accennerà un sorriso.

Se mostrerete un reale interesse, molto probabilmente potrà iniziare un'amichevole conversazione; alcune persone hanno un grande desiderio di parlare di loro stessi, della loro vita e delle loro esperienze e basta una semplice domanda per avviare il dialogo.

In altre occasioni rompere il ghiaccio della diffidenza potrebbe essere un po' più difficile, ma un genuino interesse da parte vostra è sempre la base per iniziare e mantenere una buona conversazione con chiunque.

2) Iniziate sapendo quando e come terminare. Preparate la conversazione.

È fondamentale che voi abbiate in mente perché state cercando di parlare con quella determinata persona, volete conoscerlo meglio? State cercando un lavoro? Volete sedurlo o sedurla? O volete semplicemente fare quattro chiacchiere per trascorrere un po' di tempo?

A seconda dello scopo che avete per iniziare il dialogo, dovete preparare in anticipo, anche se mentalmente, i possibili argomenti della conversazione, questi argomenti saranno utili sia per iniziare la conversazione, sia per ravvivarla che per evitare che essa possa incepparsi per mancanza di argomenti e di idee da parte di entrambi.

Prepararsi in anticipo, vi aiuterà anche nel trovare una via d'uscita in una conversazione che, per qualunque ragione volete terminare. Sia che siate impegnati in una conversazione online, in un meeting pubblico o se state conversando con una persona da cui siete attratti, dovreste sapere come terminare una conversazione che non sta andando come desiderate.

Quest'ultimo d'altronde è uno dei presupposti più importanti del dialogo interpersonale: gli interlocutori dovrebbero trovarsi in sintonia tra loro, dovrebbero essere sulla stessa lunghezza d'onda, se questo non succede o se vi accorgete che non si è realizzato, non c'è nulla che vi costringa a continuare a chiacchierare per ore. Inoltre, inizierete più facilmente una conversazione se saprete sin dal principio come porre fine ad essa senza offendere l'altro.

3) Non siate noiosi!

Quando parliamo di conversazione, esiste un genere di persone che tutti vorremmo evitare: si tratta di coloro che tendono a porsi al centro dell'attenzione, a parlare solo di sé, delle cose che li riguardano, delle loro qualità, di quanto siano in gamba, ecc.

È anche vero come alcune persone riescano a parlare di sé stessi senza essere noiosi, raccontando aneddoti e storie divertenti che attirano l'attenzione, ma questa è generalmente l'eccezione, non la regola.

A vostra volta siate sempre attenti a non debordare e a trasformare la conversazione in uno "*One man Show*" e ricordate che i vostri obbiettivi devono essere l'ascolto e la condivisione per cui siate sempre attenti a non annoiare.

Un'altra buona regola è quella di focalizzarsi sugli aspetti positivi della vita, evitate il pessimismo: siate solari, ottimisti e confidenti diffondete positività e vedrete che le persone faranno a gara per parlare con voi!

4) Evitate argomenti controversi

Non è mai una buona idea iniziare una conversazione affrontando argomenti che potrebbero evidenziate differenti opinioni o anche dare adito a contrasti con il vostro interlocutore. Magari essi potrebbero essere discussi in seguito, quando si sarà già acquisito un certo grado di confidenza e fiducia reciproca.

Un esempio non esaustivo di questo tipo di argomentazioni possono essere sicuramente quelle di carattere politico, religioso, razziale, mentre, in alcuni ambiti, anche parlando di sport e delle squadre favorite potrebbero nascere indesiderate reazioni e contrasti con la persona che state approcciando.

Talvolta persino argomenti che a voi sembrano innocui possono provocare inaspettate reazioni da parte di persone particolarmente sensibili proprio a quel determinato argomento.

Ad esempio, se avvicinate una donna sola, evitate di chiedere dei figli, se sapete che il vostro interlocutore sta attraversando difficoltà finanziarie, evitate di evidenziare i vostri successi.

Allo stesso modo evitate di trattare argomenti che, vi sembrano strani, non convenzionali o sui quali non avete una conoscenza sufficiente.

4) Evitate domande a risposta chiusa
"Vivi qui a Roma?" "Sì"
"Sei di Milano?" "Sì"
"Gradisce un whisky" "No, grazie"
Alla quarta domanda, la persona che state cercando di avvicinare, cercherà con una scusa di allontanarsi da voi.

Le domande a risposta chiusa hanno la caratteristica di non invogliare all'apertura di una conversazione, anzi, se una persona non desidera parlare con voi, queste renderanno la cosa ancor più evidente e rischieranno di far fallire miseramente i vostri tentativi per stabilire un contatto con lui o lei.

Quello che dovreste fare è cercare di fare domande che risultino interessanti e che possano fornire a loro volta la possibilità di dare risposte articolate.

Una domanda semplice ma efficace potrebbe essere: "Di cosa si occupa?" È una semplice domanda a risposta aperta che permette alla persona che ci sta di fronte di indirizzare il discorso verso un centro di interesse di suo gradimento.

La domanda consente infatti sia di parlare del lavoro, o anche del motivo per cui quella persona si trovi in quel luogo e a quell'ora o infine può invitarla a parlare dei suoi interessi o dei suoi hobbies, tutto questo senza essere invadente o pressante.

Fate comunque attenzione alle risposte perché in base a queste ultime potreste o dovreste trovare argomenti per portare avanti la conversazione.

5) Parlate di qualcosa che vi accomuna.

Se parlare del tempo o del più e del meno può essere un argomento banale e da evitare, potreste iniziare una conversazione chiedendo del motivo per cui entrambi siate in quel posto ed in quel momento: sottolineare la vostra presenza comune in quel luogo, la

vostra appartenenza a una determinata
organizzazione o società o comunità ed il
legame a coloro che vi hanno ospitato o
invitato e alle altre persone presenti.
Se ad esempio vi trovaste ad una conferenza
potreste chiedere: "Cosa ne pensa del
presentatore di questa mattina?" oppure: "Che
ne pensa di questa proposta?"
Se invece vi trovaste ad un incontro di lavoro
con colleghi di un altro reparto potreste
chiedere: "Su cosa state lavorando adesso?"
Parlare di un argomento in comune con il
vostro interlocutore vi aiuterà ad acquisire una
maggiore confidenza con quest'ultimo in
quanto egli si sentirà in un ambiente familiare,
conosciuto e sarà portato a pensare di potersi
confrontare e confidare con persone che
hanno molto e in comune con lui e altrettanti
argomenti da poter condividere condividendo
lo stesso contesto di riferimento.

6) Create qualcosa che vi accomuna.
    Se non siete riusciti a trovare alcun punto di
    contatto con il vostro interlocutore, tutte le
    vostre possibili domande od osservazioni
    dovrebbero essere usate per creare un legame
    con lui.
    Dovreste pensare di individuare una
    conoscenza comune, ad esempio una persona
    che simpatica ad entrambi o un'occasione in

cui le vostre strade o i vostri percorsi si siano in qualche modo incrociati ad esempio: "Abbiamo lavorato nella stessa società senza mai incontrarci".

Perché è importante tutto ciò? Semplicemente perché è l'unica strada per fare in modo che una persona ricordi e imprima nella memoria la conoscenza con voi e la conversazione che avete avuto, ma anche perché attraverso un legame di questo genere sarà molto più facile passare successivamente ad una relazione meno formale e portarla ad un livello successivo di confidenza.

7) Siate interattivi.
   Di seguito vi propongo alcune domande per iniziare una conversazione. Da ognuna di queste domande sarà possibile passare alla successiva. Se sentite che l'altra persona è interessata continuate a porgli domande sullo stesso argomento, ma se questo non avviene, se la persona non mostra interesse, non siate invadenti ed oppressivi e cercate almeno di cambiare argomento:
   "Qual è il suo cibo preferito?"
   "Cosa preferisce bere?"
   "Quale pensa che sia il suo talento naturale?"
   "Cosa farebbe se avesse un milione di euro?"
   "Preferisce leggere un libro o andare al cinema?"

"Qual è il suo orario preferito nella giornata e qual è il giorno della settimana che preferisce?"

"Mi racconti dell'ultima volta che ha provato una sensazione di vittoria"

Domande relative alla professione:

"Come ha trovato questa presentazione?"

"Cosa l'ha portato a questa riunione?"

"Di cosa si occupa nella vita?"

"Qual è il progetto più interessante a cui ha lavorato?"

"Come pensa saranno i mercati tra cinque anni? "

 Se vi accorgete che l'altra persona cerca disperatamente di iniziare una conversazione, aiutatela!

La giusta dose di buonumore è sempre un ottimo metodo per spezzare il ghiaccio.

Nella maggior parte dei casi, se pensate che il vostro interlocutore sia in difficoltà ma abbia bisogno di essere aiutato, trovate il modo di farlo.

Se avete l'impressione che l'altra persona sia chiedendo qualcosa, ma senza molta convinzione, è molto probabile che abbia bisogno di aiuto. Potete giocare su questo dicendole:

"Sono sicuro che ha una domanda migliore di questa."

 "È sempre difficile iniziare una conversazione

in un contesto come questo, non è vero?"
 "Trovo che sia più facile approcciare le persone su internet anziché nella vita reale, non pensa?"
Se siete una persona timida o una persona che cerca di evitare occasioni sociali come riunioni, meetings, o anche incontri informali tra amici e non vi sentite a vostro agio, prendete questo esercizio come se fosse una sfida e applicate il procedimento in tre passi successivi, come segue:
 Iniziate la conversazione con il possibile svolgimento già in mente
 Trovate un punto in comune come detto prima
 Trovate il modo di continuare o troncare la conversazione nel momento in cui desiderate farlo.
Provate a seguire questo procedimento con almeno tre persone e dite a voi stessi che dopo quella prova avrete meritato di tornare indietro e sedervi di nuovo tranquilli nel vostro angoletto.
Se volete o se preferite prendete pure un cocktail (sempre che siate ad un party).

8) Focalizzatevi sugli aspetti positivi della vita. Cercate assolutamente di evitare argomenti che possano rattristare, preoccupare o irritare, date invece spazio a quelli carichi di positività,

ottimismo e che trasmettano e infondano allegria, gioia di vivere e tranquillità.

Un esempio di conversazione costruttiva può essere: "Che cosa la motiva nella tua vita?", "Quali sono i suoi progetti per il futuro?" Si tratta semplicemente di porre le giuste domande per ricevere risposte a loro volta interessanti e costruttive.

Sono certo che man mano che aumenterà la vostra esperienza e la confidenza nella vostra dialettica, riuscirete a trovare innumerevoli argomenti di questo tipo.

Un altro modo per poter iniziare una conversazione amichevole ed improntata alla positività consiste nel fare qualche complimento al vostro interlocutore con discrezione, senza esagerare per evitare di cadere nel ridicolo e di ottenere il contrario di ciò che vi prefiggete.

9) Cercate uno scambio reale dei rispettivi punti di vista, esponete le vostre opinioni con sincerità, e con genuinità, ma anche con il massimo rispetto per l'altro e accettate le differenze e le diversità dei rispettivi punti di vista anche quando non li condividete, offrite sempre il beneficio del dubbio alla persona che vi sta di fronte.

Il vostro rispetto verso l'atro comporterà anche l'assenza di giudizi nei suoi confronti, evitando critiche e atteggiamenti di

contrapposizione.
10) Mettete via il vostro telefono!
Sempre più spesso tutti noi siamo sempre più presi dalla dipendenza verso il nostro telefonino e tendiamo a tirarlo fuori e a scorrerlo troppo spesso, in particolare quando ci sentiamo a disagio o siamo in imbarazzo, e purtroppo anche quando siamo in compagnia. Non c'è nulla di più negativo durante una chiacchierata o, quando siamo di fronte ad una persona che ci interessa che dare tutta la nostra attenzione al telefono.
Nessuno si avvicinerà a voi se sarete impegnati col vostro, telefono, e se invece siete già in compagnia, il messaggio che invierete sarà di disinteresse verso il vostro interlocutore, che molto probabilmente sarà portato a cercare qualunque scusa per approcciare un interlocutore più interessato al rapporto umano che all'ultimo post sui social o all'ultimo WhatsApp ricevuto.

Per facilitare al massimo la possibilità di avere soddisfacenti e proficue conversazioni, rilassate chiacchierate ed interessanti confronti con le persone con cui vorreste entrare in contatto, o di cui vorreste approfondire la conoscenza, vi fornirò una lista dei possibili argomenti con cui sostenere una conversazione.
Inoltre, avere in mente gli argomenti di questa lista vi

aiuterà a sciogliere la tensione e l'imbarazzo che spesso blocca e paralizza questo genere di comunicazione.

Potete facilmente mettere in pratica i suggerimenti seguenti scegliendo gli argomenti in base alle circostanze, all'ambiente in cui vi trovate e alla persona con cui volete interagire.

1) Il posto in cui vi trovate.
    Fate delle osservazioni sul posto in cui siete: siete ad una conferenza? Com'è la sala? Siete in una bella città? Ci siete stati altre volte? Da qui il discorso potrebbe scorrere verso le precedenti esperienze simili a questa, i posti già visitati, le conferenze alle quali si è già assistito, e così via.

2) Il cibo e la cucina
    Il cibo e la cucina sono tra gli argomenti preferiti in tutte le conversazioni, poiché tutti noi mangiamo e il cibo è sempre una parte importante nella vita di tutti noi.
    Potete chiedere alla persona dei suoi piatti preferiti, dei ristoranti che frequenta e di quello che apprezza di più in questo o quel locale, se si dedichi o meno alla cucina, ed in quali occasioni, delle preferenze alimentari cercando però di stare alla larga dalle diatribe oramai imperanti tra vegetariani o vegani e non vegetariani. Insomma, tutto ciò che ruota attorno al cibo è sempre un ottimo argomento

di conversazione.

3) Intrattenimento e svaghi
A questo proposito potete parlare di quello che gradite vedere al cinema, dell'ultimo film che vi è capitato di vedere e dei registi e attori preferiti o della tv, se siete consumatori accaniti di serie tv, o se preferite i talk show e gli approfondimenti delle news, o anche di teatro, o delle ultime letture che avete fatto e degli autori che preferite.

4) Arte
Se la persona con cui state conversando apprezza l'arte, potreste chiederle qualcosa sui musei che l'hanno colpita, sugli artisti che segue e apprezza, sulle forme d'arte che predilige o anche sul percorso che l'ha portata ad apprezzare l'arte in genere o una particolare modalità di espressione artistica.

5) Lavoro
Parlare del lavoro non è mai una cosa semplice. Anche se è un argomento che ricorre molto spesso nelle conversazioni, bisogna evitare assolutamente di essere banali su quest'argomento finendo con un confronto sui rispettivi lavori, cosa che moltissime persone non riescono proprio ad evitare, ma cercare di affrontare l'argomento in una

maniera più interessante e meno scontata:
invece di chiedere: "Dove lavora?", "Di cosa
si occupa?", "Da quanto tempo lavora lì'?",
"Le piace il suo lavoro?" potete affrontare
l'argomento da altri punti di vista chiedendo:
"Qual è l'aspetto del suo lavoro che
preferisce?", "Come mai ha deciso di lavorare
in questo campo?", "Qual è l'abilità che usa
maggiormente nel suo lavoro?", "Il suo lavoro
è come se lo aspettava?", "C'è qualcosa che
non si aspettava nel suo lavoro?", "Come ha
reagito di fronte a questo?"

6) Sport
   Anche lo sport è uno degli argomenti che
   ricorrono più frequentemente nelle
   conversazioni informali.
   Ci sono persone che parlerebbero di sport per
   tutta la giornata mentre alcune preferiscono
   parlare d'altro. Tuttavia, dobbiamo notare che
   anche le conversazioni sportive sono
   fortemente a rischio perché possono
   introdurre argomenti divisivi e dare adito a
   differenti interpretazioni e opinioni
   contrastanti.
   Quindi quando si parla di sport bisogna
   procedere con una certa cautela ed osservare
   alcune regole.
   Per prima cosa se siete in un gruppo di più di
   due persone, dovete essere certi che tutti siano

interessati all'argomento sportivo altrimenti correreste il rischio di escludere qualcuno dalla conversazione.

In secondo luogo, come affermato in precedenza, se la discussione dovesse assumere toni un po' più accesi dovuti a differenti appartenenze sportive con relative diversità di vedute, questo non aiuterebbe ad ampliare la rete delle vostre relazioni di amicizia o di conoscenza, quindi in questo caso, siate pronti a riportare la conversazione verso argomenti e temi meno divisivi.

7) Sicuramente non tutte le persone con le quali parlerete sono dei viaggiatori abituali, ma parlare di viaggi e delle esperienze connesse ad essi è sempre interessante e può aprire un intero universo di possibilità di dialogo. Scambiare impressioni e opinioni sulle esperienze di viaggio spesso introduce ad un clima di confidenza tra gli interlocutori. Non è necessario parlare di viaggi in luoghi esotici o dall'altra parte del mondo, le conversazioni su questo argomento possono riguardare anche opinioni su luoghi relativamente a portata di mano o su una gita fuori porta.

Riguardo le esperienze passate potete chiedere cosa hanno apprezzato di più i vostri interlocutori di quei luoghi, quali sono i cibi che hanno apprezzato maggiormente, quali sono gli aspetti della cultura locale che ricordano con piacere. Un altro possibile argomento consiste nel chiedere ai vostri interlocutori di parlare dei progetti di viaggi futuri e dei motivi che li hanno spinti a pianificare proprio quel genere di viaggio.

8) Il Tempo

Le conversazioni sul tempo inteso come tempo metereologico costituiscono certamente uno degli argomenti più ricorrenti quando si tratta di approcciare degli sconosciuti con i quali ancora non si condivide nulla tranne la situazione contingente che, per forza di cose, non può prescindere dal tempo.

Ma anche qui potete dare una vostra interpretazione su come affrontare l'argomento e dare vita ad una interessante conversazione.

Potete ad esempio chiedere come la persona reagisce al tempo metereologico e come questo di solito influisca sui propri piani per la giornata e sulla propria organizzazione. Ad esempio: "Quando piove preferisce rintanarsi in casa o le piace comunque uscire e non rinunciare alla propria vita sociale?" o anche "Come affronta le giornate di caldo torrido?", "Riesce ad essere produttivo a casa e sul lavoro anche quando fa molto caldo?". Potreste anche indirizzare la discussione sul tipo di tempo che l'altra persona preferisce e, da qui si può facilmente finire col parlare delle reazioni e degli effetti che il tempo provoca in ognuno di noi e quindi dare vita ad interessanti scambi di opinioni sul tema.

Un altro spunto riguarda le differenze di clima e di temperatura tra la città o il paese natale della persona e quello nel quale vi trovate, come: quale tipo di clima si preferisce e perché? "Se potesse scegliere un luogo dove vivere unicamente in base al tempo quale sceglierebbe?"

Spunti pratici per avviare e mantenere viva una conversazione

Ecco alcune indicazioni concrete di argomenti reali con i quali potete iniziare o continuare una conversazione con la persona di vostro interesse:

Avviare la conversazione

1) Come è finita qui, in questo meeting? (o altra occasione di incontro)

2) Cosa ha apprezzato maggiormente di questa occasione sino ad ora? (O giornata)

3) Di dov'è lei? Come si vive nella sua città?

4) Me lo consiglia, posso prenderlo? (riferito al

cibo o alla bevanda che l'altro sta consumando in quel momento)

5) Qual è stato l'ultimo film che ha visto (o l'ultimo spettacolo teatrale)? Cosa ne pensa?

6) In quale reality tv vorrebbe essere?

7) Quali sono gli spettacoli tv che apprezza di più?

8) Mi ricorda qualcuno famoso, ma non riesco a ricordare chi, di solito le dicono che assomiglia ad un personaggio famoso?

9) Ricorda la prima volta che si è trovato ad un meeting come questo? (O riunione, o spettacolo e così via)

10) Se fosse lei il responsabile di questo evento, chi avrebbe invitato a parlare, quali temi le sarebbe piaciuto trattare, cosa avrebbe fatto in maniera diversa?

Parliamo di lavoro?

1) Come mai si trova a lavorare in questo campo?

2) Se potesse tornare indietro nel tempo, rifarebbe la stessa scelta?

3) Consiglierebbe a suo figlio di scegliere lo stesso campo?

4) Qual è la cosa che le piace di più del suo lavoro?

5) Mi parli del suo prodotto (o di qualcosa che si impegna a promuovere), quali sono i suoi punti di forza?

6) Cosa o chi apprezza maggiormente del suo team, quali sono i suoi punti di forza e di debolezza?

7) Quali sono stati i cambiamenti più significativi nel suo settore negli ultimi tempi?

8) Se potesse tornare indietro nel tempo, farebbe qualcosa in maniera diversa?

9) Sono curioso di conoscere la sua storia professionale, quali studi ha fatto, ha svolto altri lavori precedentemente?

10) Quali sono attualmente i suoi progetti per il futuro?

11) Potrei fare qualcosa per aiutarla a raggiungere i suoi obiettivi?

12) C'è qualcosa nel suo settore lavorativo che la preoccupa particolarmente?

13) Può parlarmi degli ultimi obiettivi raggiunti, è soddisfatto di averli conseguiti?

14) Quali mezzi di informazione usa per tenersi aggiornato sul suo lavoro?

15) Lei è l'unica persona che conosco che lavora in questo campo (o che ha avuto questo successo o quel particolare modo di lavorare)

Come concludere una conversazione

Ho già accennato in precedenza che è sempre utile ancor prima di impegnarsi per avviare una conversazione con qualcuno, avere in mente un piano per concluderla.

Se vi accorgete che la conversazione langue, che il vostro interlocutore, nonostante tutti i vostri sforzi non riesce ad essere interessante e se cercate una maniera che vi tolga dall'imbarazzo, usate le indicazioni che seguono per terminare in maniera elegante la chiacchierata:

1) È stato davvero interessante, grazie di avermene parlato. Ha un biglietto da visita?
2) Sono molto contento di averla conosciuta, aspetto di incontrarla nuovamente alla prossima occasione (o conferenza, o meeting, o incontro)
3) Ne approfitterò anch'io (riferito alla consumazione o al drink). Sono contento di averla conosciuta
4) Vedo un mio collega in fondo alla sala, credo che dovrei salutarlo, possiamo scambiarci i contatti?
5) Scusi, devo allontanarmi un attimo (Andare in bagno) si goda pure l'evento
6) Sono molto contento di averla conosciuta e di aver sentito la sua opinione su... (argomento del quale avete parlato), ma non voglio

monopolizzare la sua presenza qui, le auguro un buon proseguimento.

7) Mi fa piacere di averla conosciuta, c'è altro che posso fare per aiutarla?

Spero che questi esempi che ho riportato possano ispirarvi per avere successo e per migliorare le vostre abilità di conversazione; abilità la cui enorme importanza viene ancora troppo spesso sottostimata anche da molti esperti del settore della comunicazione.

Trasformare gli sconosciuti in amici

Si stima che durante tutta la nostra vita incontriamo un numero davvero elevatissimo di persone, facciamo quindi tantissimi incontri; è naturale però che alcuni incontri contino più di altri. D'altro canto, tutte le comunità umane sono formate da persone che si incontrano, che comunicano reciprocamente le loro passioni e interessi comuni, che stringono legami di amicizia e che alla fine si trovino insieme in una comunità di qualunque tipo essa sia: si può trattare di un partito politico un'azienda un'organizzazione umanitaria o anche l'insieme degli individui che vivono in un determinato quartiere di una grande città.

Per tornare al tema dell'amicizia, Dobbiamo dire che è proprio questo che si intende per amicizia: si tratta di una relazione tra due persone che condividono passioni ed interessi comuni.
Il concetto di amicizia fa parte dell'esperienza di vita di ogni essere umano e possiamo tranquillamente affermare che gli amici siano una delle cose più belle

che la vita ci offre. Capita a tutti, in alcuni periodi della vita di sentirsi soli, ed è proprio in questi periodi che perdiamo la fiducia nelle nostre capacità di farci nuovi amici e di ricostruire la nostra rete sociale.

È proprio in quei momenti che sentiamo la necessità di condividere le cose migliori della vita con qualcuno che ci possa supportare e darci una mano anche nei momenti difficili.

Fare amicizia con qualcuno è un'abilità che tutti noi dovremmo possedere in maniera naturale ma purtroppo oggi viviamo in una società non facile e non è più così scontato fare nuove amicizie e costruire o ricostruire la nostra rete sociale anche dopo un evento di qualunque genere che ci ha allontanato dal nostro contesto abituale.

Le ragioni per cui non avete più i vostri amici che vi supportano possono essere molteplici. Ad esempio, vi siete da poco trasferiti in una nuova città e non conoscete ancora nessuno, oppure avete avuto una lunga relazione sentimentale che vi ha portato a trascurare i vostri migliori amici di un tempo.
Quali che siano le ragioni per cui siete soli in un particolare momento della vostra vita, dovete avere una strategia per poter conquistare nuovi amici e riguadagnare una vita sociale che sia degna di essere vissuta.

Nel seguito cercherò di illustrarvi alcune di queste

regole e strategie che potete mettere in pratica per giungere a ricostruire la vostra rete di amicizie e i vostri contatti sociali che per un qualunque motivo avete perso.

Per fare nuove amicizie dovete prima capire come selezionare i possibili candidati. Ci sono fondamentalmente due modi per farlo:

Il primo consiste nello scegliere delle persone tra i contatti che già possedete mentre il secondo si basa sul guadagnare nuovi amici cercandoli in persone che prima non conoscevate.

Parliamo adesso della prima opzione: Molto spesso i prerequisiti per la ricostruzione di una vita sociale soddisfacente sono già intorno a voi; non dovete cercare lontano e non dovete cercare di parlare con dieci sconosciuti scelti a caso per trovare un amico.

È infatti molto più semplice lavorare su contatti che già avevate, e tra questi scegliere alcune persone con le quali sentite di poter costruire una relazione più stretta di quanto fosse in precedenza. Ma dove trovare queste persone?
Dovete far riferimento alle comunità che frequentate più spesso, ad esempio colleghi di lavoro o di studio, amici di amici, persone che avete già incontrato in passato, persone che avete incontrato di rado, ma che avreste voluto vedere più spesso, amici con i quali avete perso i contatti per un lungo periodo di tempo

ma sui quali riponete fiducia e che sentite di poter ricontattare.

Tuttavia, possono esservi delle situazioni nelle quali fare affidamento sulle relazioni già in essere può sicuramente essere utile ma non sempre è possibile per tutta una serie di motivi che possono essere i più vari e che possono variare da persona a persona e alla situazione particolare di ciascuno.

Talvolta talvolta è davvero necessario dover socializzare con persone che non fanno parte della nostra rete sociale.

Gli ambiti nei quali possiamo trovare nuove amicizie sono i più vari: penso a situazioni nelle quali siamo circondati da persone che possono potenzialmente divenire amici e con le quali possiamo stabilire agevolmente interazioni dovute proprio all'ambiente nel quale ci troviamo.

L'ambiente lavorativo e quello scolastico sono due esempi.

Un'altra strategia potrebbe essere quella di contattare un paio di conoscenti e cercare di conoscere la maggior parte dei loro amici, in questo modo dovreste riuscire ad entrare in contatto con almeno una dozzina di persone, è molto probabile che tra queste possiate trovare qualcuno con cui poter stabilire delle relazioni umane tali da poterli pian piano definire amici.

Ancora, potreste entrare a far parte di gruppi o di

comunità nelle quali sia normale incontrare molte persone che condividono i vostri stessi interessi e le vostre passioni e che siano predisposti ad avere migliori e più strette relazioni con voi.

Trovare nuovi amici può certamente richiedere un certo sforzo da parte vostra, e con ogni probabilità vi obbligherà ad uscire fuori dalla vostra zona di comfort e dalla vostra routine quotidiana.
Infatti, specie nel caso che la maggior parte dei vostri interessi abituali e delle vostre attività fossero di tipo prettamente individuale, dovreste fare uno sforzo per intraprendere nuove abitudini e nuove attività che possano svolgersi in maniera più per così dire più sociale.
È abbastanza chiaro, come ho già accennato in precedenza, che il miglior modo per incontrare nuove persone sia quello di iniziare a condurre una vita sociale piena, viva ed interessante che vi possa portare ad incontrare il maggior numero possibile di persone con le quali sarà possibile individuare dei comuni interessi e di conseguenza avviare una conversazione e uno scambio di idee che vi potrebbe portare ad approfondire la reciproca conoscenza.

Ovviamente non dovrete iniziare una relazione di amicizia con tutte le persone con cui entrerete in contatto ma se riuscirete ad entrare in contatto con un numero abbastanza elevato di persone, dovreste riuscire agevolmente ad individuare qualcuno con cui condividere interessi, idee ed esperienze attraverso la conversazione.

Una volta che sarete riusciti a raggiungere questo obiettivo potrete dire di aver iniziato un rapporto di *conoscenza amichevole*.

Nel seguito vi fornirò alcune indicazioni per poter passare da questo stato di amichevole conoscenza ad un rapporto che possiamo definire di amicizia nei termini di cui abbiamo discusso in precedenza.

1) Invitate le persone che vi interessano a fare qualcosa con voi.
Una volta che avrete incontrato una persona con cui desiderate approfondire il rapporto e che sarete riusciti a creare un minimo di relazione, potreste provare a chiederle di fare qualcosa insieme a voi, ma al di fuori del contesto nella quale vi siete incontrati per la prima volta.
Questo è un passo molto importante perché potrete anche incontrare un gran numero di persone che apprezzate e da cui sarete probabilmente apprezzate, ma se voi non fate uno sforzo per organizzare un'attività insieme o per passare del tempo con questa persona, non sarete mai capaci di creare una nuova relazione. Le persone che incontrate tenderanno sempre a considerarvi come un conoscente, come la

persona con cui hanno parlato in classe o
al lavoro o con cui hanno scambiato
quattro chiacchiere alla macchinetta del
caffè.

Potrà sembrare un'affermazione banale
ma moltissime persone che non riescono
ad avere amicizie degne di questo nome
hanno proprio questo genere di problema.
Non riescono Infatti a passare dalla fase di
amichevole conoscenza ad una relazione
più seria e più stabile e questo proprio a
causa della loro incapacità di approfondire
in modo adeguato la conoscenza.

A seconda del rapporto che avete con la
persona in questione e del vostro grado di
confidenza, potete decidere se invitarla ad
approfondire la conoscenza subito o
aspettare del tempo, qualche giorno o
qualche settimana.

Ad esempio, se vi trovate a passare una
serata piacevole con un vostro amico che
per l'occasione sarà in compagnia di un
altro amico di cui gradite la compagnia,
potrebbe essere una buona idea invitare
entrambi ad un'altra occasione o per
un'altra serata.

D'altra parte, se voi sentite che state
parlando sempre più spesso con qualcuno
nel vostro ufficio e se pensate di voler
approfondire questo rapporto di
conoscenza, dovete essere voi a decidere

quando e come trovare un'occasione per incontrarvi e passare del tempo insieme al di fuori del lavoro che vi accomuna entrambi.

È importante comprendere che quest'ultima è una valutazione che sta esclusivamente a voi effettuare.

2) Condividete i contatti

Penso che sia una buona idea prendere l'abitudine di chiedere i contatti delle persone che vi interessano.

Se ad esempio conoscete qualcuno in una particolare occasione, ma non avete idea se quell'incontro si potrà ripetere in futuro, potrebbe essere una buona idea quella di condividere i contatti: non abbiate timore e non fatevi vincere dalla timidezza o dall'indecisione e chiedete alla persona che avete incontrato il suo numero di telefono, il suo contatto email o Facebook, in questo modo aumenterete sicuramente le possibilità di incontrare di nuovo quella persona in un'altra occasione e aumenterete la possibilità che quella persona sappia come e dove trovarvi. Ovviamente la stessa cosa verrà anche per l'altro. Per cui cominciate subito a farlo!

3) Imparate a pianificare

Organizzare occasioni di incontro con qualcuno richiede sicuramente una certa dose di pianificazione.

Talvolta questo procedimento è abbastanza semplice, basta chiedere se la persona in questione è interessata all'occasione che proponete, in questo caso potreste decidere insieme dove e come incontrarvi.

D'altro canto, possono esserci sicuramente delle occasioni nelle quali questo tipo di decisioni sono più difficoltose specialmente se sono coinvolte più di una persona. Dovete infatti imparare a fare i conti anche con situazioni di questo tipo nelle quali è sempre presente un certo grado di incertezza e dovete capire che in questi casi non potete avere il pieno controllo della situazione per cui potreste trovarvi anche ad accettare decisioni già prese in precedenza o da qualcun altro.

In ogni caso, se potete, accettate tutte le possibilità di incontro che vi vengono proposte e a cui avete la possibilità di partecipare.

Perché perdere l'occasione di incontrare nuove persone e di fare nuove esperienze di socialità? Col tempo, quando vi troverete ad avere molti amici e molte occasioni di incontro, potete pensare di essere più selettivi e iniziare a selezionare maggiormente le proposte che più gradite.

Se foste una persona timida, potreste avere la tentazione di declinare gli inviti che vi vengono rivolti con la scusa che non sono di vostro gradimento o che non vi divertirete.

Imparate ad ignorare questi pensieri negativi ed accettate il maggior numero di proposte possibili; non potrete mai sapere come si svolgerà l'incontro finché non lo avrete sperimentato.

Certo se volete migliorare la vostra vita sociale, dovrete mettere in conto un minimo di sacrificio e, come affermato in precedenza, dovrete essere disposti ad uscire fuori dalla vostra zona di comfort e accettare un cambiamento in molte delle vostre abitudini.

Ad esempio, potreste essere invitati a vedere un film che non avreste mai voluto vedere, o potreste anche essere chiamati a partecipare ad un incontro al bar il venerdì sera, quando eravate già pronti per andare a letto.

Ma questo non dovrà scoraggiarvi dal cogliere tutte le possibili occasioni di socialità che vi verranno proposte. Sempre a condizione che gradiate e che vi interessi la compagnia delle persone che avrete occasione di incontrare.

Dovete Inoltre considerare il fatto che la maggior parte delle persone cesserà di invitarvi se si renderà conto che voi

declinate gli inviti troppo spesso.
Potrebbero essere portati a pensare:
"Giovanni non viene mai quando lo invito
ad uscire con noi e penso che non verrà
neanche questa volta quindi non voglio
disturbarlo e non lo chiamerò"

4) Continuate sempre a coltivare le amicizie.
È sicuramente un fatto positivo uscire con
qualcuno di cui apprezzate la compagnia
una o due volte, ma se davvero intendete
sviluppare un legame di amicizia con
questa persona dovete sicuramente
frequentarla più spesso, passare del tempo
con lui o con lei e portare la conoscenza
reciproca ad un livello più profondo.
Sicuramente, se vi impegnate nel coltivare
questa relazione di conoscenza, col tempo
riuscirete a renderla più autentica e più
profonda, magari questo non potrà
avvenire non con tutte le persone che
frequentate, ma soltanto con qualcuna di
esse.
In ogni caso vedrete che se vi impegnerete
abbastanza, anche se non siete
particolarmente portati per le relazioni
sociali, riuscirete come minimo a stringere
un'autentica amicizia con almeno un paio
di persone.
Anche uno o due veri amici possono
essere abbastanza per vivere una vita
sociale soddisfacente e ricca, sicuramente

vi aiuteranno ad uscire fuori dalla condizione di isolamento nella quale vi trovavate in precedenza.

D'altro canto, prima o poi, sempre se continuerete i vostri sforzi, riuscirete ad estendere il vostro circolo di amicizie e potreste anche trovare una persona con la quale iniziare una relazione sentimentale. Nel tempo sarà più facile continuare ad aggiungere nuove conoscenze, ma il fatto che già avete qualche amico renderà le cose molto più facili e sarà molto probabile che riuscirete a trovare molto più frequentemente delle occasioni di socialità e di incontri con persone che vale la pena conoscere.

Affrontare le conversazioni difficili

A tutti noi sarà sicuramente capitato di trovarci in una situazione conflittuale con qualcuno.

I conflitti possono nascere in qualunque comunità ci troviamo ad operare o che frequentiamo per qualunque motivo: possiamo entrare in conflitto con un nostro collega di università, con un nostro superiore al lavoro o anche con un operaio, che a casa nostra, ha eseguito un lavoro che riteniamo pessimo. Tranne qualche caso, credo che nessuno di noi abbia piacere a trovarsi in una situazione conflittuale e a dover discutere con qualcuno con cui si trova in forte disaccordo.
Proprio per questo motivo in molti casi tendiamo a rimandare il momento del confronto con la persona con cui siamo in contrasto. Possiamo affermare che si tratta di una strategia valida?

Non lo credo affatto, al contrario credo che l'idea di nascondere la polvere sotto il tappeto non sia mai una buona idea ed anzi nel lungo termine danneggerà soltanto noi stessi e porterà soltanto un maggior carico di stress, di ansia e di insoddisfazione.

Nel seguito cercherò di darvi alcuni consigli su come affrontare le conversazioni difficili e sgradite nel miglior modo possibile.

Dobbiamo innanzitutto renderci conto che abbiamo bisogno di cambiare il modo in cui guardiamo ed affrontiamo queste situazioni, perché se riusciremo ad essere preparati e a superarle in maniera adeguata, potremo ottenere risultati di gran lunga migliori e riusciremo a superare le nostre difficoltà e le nostre paure nell'affrontare queste difficili conversazioni.

1) Non rimandate

     Possiamo trovare sicuramente un'infinità di scuse per evitare di affrontare il problema di una conversazione sgradita. A chi non è mai successo di trovarsi in una situazione simile e di cercare qualche motivo o qualche pretesto per rimandare il confronto quanto più possibile?

     Il problema in questi casi è che non è mai il momento giusto per affrontare una situazione di conflitto con un'altra persona, ma dobbiamo necessariamente renderci conto che quanto più continueremo a rimandare il confronto, tanto più aumenteremo la pressione psicologica a cui saremo sottoposti e aumenteremo il rischio di esplodere con una reazione distruttiva.

     Se il motivo che ha causato il conflitto è

ancora recente e continua a causare forti emozioni tra noi è l'altra persona, forse sarebbe giusto prenderci il tempo di calmarci reciprocamente, ma non avrebbe comunque senso rimandare a tempo indefinito il confronto.

2) Non potete piacere a tutti
Una delle ragioni che ci portano ad evitare situazioni di confronto conflittuale con un'altra persona è la nostra esigenza di piacere e di essere accettati dagli altri, all'interno della nostra comunità.
L'esigenza di essere accettati in un gruppo o in una comunità è un'esigenza fondamentale e comune a tutti gli esseri umani ma sfortunatamente non è mai possibile piacere a tutti e spesso non è neanche la cosa più importante in quel preciso momento.
Dobbiamo pensare di approcciare il confronto con il nostro antagonista con una buona dose di curiosità e rispetto sia per noi stessi ma anche nei confronti dell'altra persona e ricordarci che questo tipo di approccio tende a produrre lo stesso effetto anche nel nostro interlocutore.
Il rispetto e la stima sono atteggiamenti che aiutano ad avvicinare anche le posizioni più distanti ed apparentemente inconciliabili.

3) **Non rimuginate**

Sarà capitato a molti di noi, quando sappiamo di dover affrontare una conversazione difficile di pensarci in continuazione e molte volte non facciamo altro che tentare di prevedere come si potrà svolgere.

A volte immaginiamo che con la forza delle nostre argomentazioni riusciremo ad aver ragione del nostro interlocutore, che alla fine non potrà far altro che dichiararsi d'accordo con noi dandoci ragione. Ma quante volte capita una cosa del genere? Vi è mai capitato? Purtroppo, è molto raro che succeda.

Dobbiamo invece cercare di aver chiari i punti fondamentali di quelli che saranno i nostri argomenti e prepararci in maniera attenta e consapevole a quello che potrebbe essere lo svolgimento della conversazione, ma dobbiamo essere anche attenti a non esagerare in questo atteggiamento, perché se cercheremo di prevedere ogni singola argomentazione che noi o il nostro opponente affronteremo, ci troveremo inevitabilmente impreparati nel momento in cui la conversazione seguirà altre strade che non avevamo previsto e di fronte alle quali ci troveremo probabilmente impreparati.

Questo non farebbe altro che aumentare inesorabilmente il nostro scoramento e la nostra frustrazione.

4) State calmi e rilassati
    Dovete sempre cercare di non farvi
    coinvolgere in conversazioni stressanti nei
    momenti di stanchezza, stress o quando siete
    presi da degli impegni urgenti e pressanti.
    Più sarete calmi e capaci di focalizzarvi sulla
    situazione, meglio riuscirete a gestire la
    situazione di conflitto.
    Se, nel corso della discussione avvertite di
    stare per perdere la calma o sentite di non
    poter gestire al meglio la situazione, respirate
    profondamente, questo vi aiuterà a mantenere
    il controllo dei vostri nervi e vi consentirà di
    dominare eventuali esplosioni di rabbia.
    Se anche questo non basta a farvi schiarire le
    idee, allontanatevi per qualche minuto con
    una scusa, per esempio quella di andare al
    bagno e respirate ancora profondamente,
    vedrete che questo vi aiuterà molto a rilassarvi
    e a tranquillizzarvi, in maniera da poter
    affrontare nel miglior modo la difficile prova
    che vi attende.

5) Siate positivi
    La maniera con la quale vediamo e
    consideriamo una particolare situazione,
    determinerà come quella situazione ci farà
    sentire, e di conseguenza il nostro
    comportamento, le nostre azioni, le cose che

penseremo e le cose che diremo in quella determinata situazione.

Se ci immaginiamo il confronto e la conversazione che ci attendono come difficili e stressanti, questo li renderà davvero una situazione che metterà a dura prova il nostro sistema nervoso e aumenterà a dismisura il livello di stress a cui saremo sottoposti.

È inutile aggiungere che è ormai ampiamente dimostrato che lo stress riduce notevolmente le nostre prestazioni intellettuali e le nostre abilità cognitive.

Se, al contrario riusciremo ad adottare una mentalità ed un atteggiamento positivo, l'effetto sarà esattamente opposto: riusciremo ad evitare le situazioni stressanti e questo ci consentirà di affrontare il conflitto con un altro spirito e con l'atteggiamento mentale giusto per affrontare situazioni del genere.

Quindi molto probabilmente non riusciremo ad avere risultati positivi se non inquadreremo la situazione nella giusta maniera, con un atteggiamento e una predisposizione mentali improntati alla positività.

Perciò impariamo a considerare queste occasioni di contrasto e di conflitto in maniera costruttiva e proviamo ad associarle ad una soluzione positiva per tutte le persone coinvolte.

Ad esempio, invece di dire semplicemente di

no al vostro capo considerate di proporre una soluzione diversa e migliore. Invece di criticare e rimproverare i vostri collaboratori, considerate che state dando loro indicazioni e consigli per lo sviluppo e il miglioramento professionale.

Le conseguenze di questo differente atteggiamento mentale saranno sicuramente positive e potranno portare ad un rapporto più solido e sincero con le persone che vi circondano.

6) Siate empatici

Se la conversazione è difficile per voi è molto probabile che essa sia difficile anche per le altre persone coinvolte, in particolar modo dal punto di vista emotivo. È molto meglio, in questi casi, adottare un approccio basato sull'empatia.

Attraverso l'empatia riuscirete a connettervi e a comprendere le emozioni delle altre persone mostrando rispetto per esse e compassione per i vostri antagonisti.

Se vi trovate nella condizione di dover dare brutte notizie a qualcuno, mostrate la vostra empatia mostrando comprensione e partecipazione emotiva, ad esempio: "È molto difficile per me dirti questa cosa" oppure: "Mi dispiace molto doverti dire queste cose".

Al contempo siate diretti sinceri e onesti.

Quando dovete affrontare argomenti che non vorreste affrontare, o quando dovete dare a qualcuno notizie che non vorreste mai dare evitate di girarci intorno o di sminuirne l'importanza o, al contrario di sottolinearli troppo, perché questo potrebbe indurre l'altra persona a sentirsi derisa, aggiungendo oltre al danno della cattiva notizia anche la beffa data dalla maniera sbagliata nella quale gliela state porgendo.
Al contrario attraverso il rispetto e la sincerità, riuscirete a costruire un rapporto sicuramente più chiaro e onesto con la persona che vi sta di fronte.

7) Ascoltate
Ho già avuto modo di sottolineare l'importanza dell'ascolto in altre e precedenti occasioni nel corso di questo libro, ma devo ancora una volta ricordarvi che prima di iniziare il confronto con l'altra persona dovreste chiedervi cosa pensa, qual è realmente il suo problema dal suo punto di vista e non farvi influenzare da quello che immaginate voi.
Chiederglielo apertamente, francamente con un interesse sincero e reale a quello che pensa e a quello che sente.
Quando parlate con lui o con lei ascoltate quello che vi sta dicendo, spesso, mentre gli

altri parlano, tendiamo a pensare a quello che diremo quando sarà il nostro turno di parlare, col risultato che il nostro interlocutore se ne accorgerà, sempre.

Si tratta di una mancanza di rispetto, oltretutto inutile perché non vi aiuterà a migliorare il rapporto con quella persona. Provate invece a rallentare il ritmo della conversazione e respirate profondamente. Questo vi consentirà di comprendere meglio le ragioni dell'altro, e potrete riflettere su quali siano le migliori parole che potremmo usare per comunicare quello che abbiamo compreso del suo pensiero e delle sue posizioni ed esporgli con rispetto e considerazione le nostre.

Se davvero volete raggiungere un risultato positivo nonostante le difficoltà del rapporto che con l'altra persona, dovreste necessariamente accettare e considerare il suo punto di vista.

È fondamentale capire che per la comprensione delle rispettive posizioni e punti di vista l'ascolto è molto più utile e positivo anziché pensare a ribattere considerando soltanto il nostro punto di vista.

È questo l'atteggiamento giusto per trasformare un confronto e una disputa in una conversazione costruttiva.

Alla fine della discussione prendetevi una

pausa di dieci minuti per riflettere su come è andata. Come vi siete sentiti? Avete raggiunto lo scopo che vi eravate prefissati? Cosa avreste potuto fare o dire di diverso? Cosa avreste potuto fare o dire meglio?

Traete le vostre considerazioni e tenetele presente per la prossima volta, per il prossimo confronto.

Cosa dovremmo fare invece se ci rendiamo conto che nonostante tutti i nostri sforzi la conversazione ha avuto un esito negativo, i toni si sono elevati in maniera incontrollata e la rabbia ha preso il sopravvento e non abbiamo potuto far nulla per trovare una soluzione costruttiva?

A meno che noi o il nostro avversario non siamo usciti fuori dalla stanza sbattendo la porta e promettendo vendetta, dovremmo tener presente che con quella persona dovremo comunque continuare confrontarci e che dovremmo fare qualsiasi cosa per ricostruire la relazione e attenuare o cercare di superare i motivi del contrasto.

Ecco qualche consiglio per capire come andare avanti dopo aver sperimentato un fallimento in una conversazione conflittuale che non siete riusciti a ricomporre nei termini che avreste voluto:

Accettate quanto avvenuto; spesso abbiamo la forte tentazione di ignorare la rottura e sperare che la situazione si ricomponga col passare del tempo, ma si tratta quasi sempre di una pia illusione; è molto meglio accettare la situazione ed intraprendere azioni concrete per gestire la situazione che si è venuta a creare dopo che il conflitto è esploso, inoltre provate a riconoscere e focalizzare l'attenzione sugli aspetti positivi del conflitto. Anche se al momento ci sembra non vi sia alcuna considerazione positiva da poter trarre, dovete ricordare che ogni confronto conflittuale ha inevitabilmente degli aspetti da poter considerare in maniera positiva che dovete imparare a riconoscere per poter far leva su di essi e identificare le azioni che potete tentare per giungere ad una possibile soluzione.

Infatti, dovete capire che dovreste inevitabilmente andare avanti, dovete uscire dalla situazione di stallo nella quale vi trovate e guardare al futuro.

Prendiamo ad esempio la situazione nella quale un vostro cliente che vi ha affidato un incarico di progettazione di un sito web, non sia contento del vostro lavoro. Per il cliente questo vuol dire che non avete compreso quelle che erano le sue esigenze e ciò di cui aveva realmente bisogno.

A questo punto, dopo il confronto sul progetto, e per non compromettere definitivamente un rapporto di lavoro che potrebbe comportare importanti sviluppi futuri, accettate la situazione, analizzate nuovamente le richieste del cliente e rimettetevi al lavoro per fornire un risultato che soddisfi meglio le sue aspettative.

Si tratta di una soluzione proattiva che ci dimostra la nostra resilienza e la nostra predisposizione a trovare delle soluzioni, oltre che la nostra volontà di continuare a stare all'interno di quel rapporto, anche se parzialmente compromesso dall'esito del conflitto che ci ha diviso dal cliente. Inoltra ci mostra una via d'uscita positiva al confronto e ci porta verso una migliore comprensione dei problemi e alla ricostruzione di sentimenti di stima e rispetto reciproci.

Avere punti di vista differenti, anche diametralmente opposti con i nostri colleghi, superiori, clienti e anche amici e familiari è del tutto normale, anzi sarebbe strano che questo non succedesse; quindi, dobbiamo mettere in conto che possano sorgere conflitti e che questi possano sfociare in contrapposizioni verbali, anche aspre.

Se però queste occasioni di conflitto fossero troppo frequenti e se divenissero dominanti nei vostri rapporti con il prossimo, dovreste rendervi conto che correrete il rischio di essere considerati soltanto come possibili

fonti di problemi e di essere isolati.
Quindi anche se non riuscirete ad evitare i conflitti, dovete fare in modo che essi non siano l'unica modalità nel rapportarsi col mondo esterno e dovrete concentrarvi sulla costruzione di relazioni positive.
Quali sono gli aspetti che contano realmente per voi e il vostro collega? Quali gli ostacoli che affrontate entrambi e di cui dovete acquisire consapevolezza? Quali sono i possibili punti di incontro che non toccano esigenze importanti per entrambi?
Se riuscirete ad inquadrare il conflitto con questa visione improntata ad una maggiore positività, riuscirete a guardarlo in una luce diversa ricordando sempre che siamo tutti quanti esseri umani con le nostre emozioni, sentimenti, idee, passioni e storie personali, dovete essere in grado di riconoscere e considerare la rispettiva e particolare umanità di ciascuno per riuscire connettervi in maniera positiva agli altri e creare un clima di rispetto e fiducia che vi aiuterà a convivere meglio in tutti gli ambiti della vita sociale che vi coinvolgono.
Le conversazioni difficili e conflittuali non sono facili da affrontare, ma si tratta di una abilità essenziale che dovrete acquisire, utilizzando, non solo le indicazioni ed i consigli che ho fornito in precedenza, ma

anche attraverso l'esperienza, il lavoro su voi stessi e la riflessione e soprattutto acquisendo la convinzione che le cose miglioreranno soltanto se sarete capaci di comportarvi in maniera differente dal passato.

In ultima analisi vi renderete presto conto che si tratta di una capacità che vi aiuterà a migliorare la complessiva qualità della vita e di sentirvi meglio, sia con voi stessi che con gli altri.

Conclusioni

Spero che abbiate apprezzato la lettura di questo libro, il mio intento nel realizzarlo è stato unicamente quello di rendere un servizio a voi lettori ed aiutarvi a migliorare alcuni aspetti decisivi, ma forse sottovalutati della comunicazione tra le persone.

Un ambito, quello della comunicazione che, anche se a prima vista può sembrare di non primaria importanza, credo che possa apportare significativi miglioramenti nella vostra esperienza di vita quotidiana, nelle vostre relazioni con le persone che contano davvero per voi: la vostra compagna o il vostro compagno, i figli, gli amici, i parenti, i colleghi e tutti coloro con cui, per un motivo o per l'altro, vi relazionate durante le vostre giornate.

Talvolta mi viene richiesto quali siano state le mie fonti di ispirazione per poter parlare di comunicazione efficace con cognizione di causa: quali sono stati i miei gli autori di riferimento, quali libri abbia letto, quali esperimenti abbia condotto e quali pareri abbia ascoltato per giungere alle conclusioni che avete letto.

Di sicuro posso dirvi che la fonte di ispirazione più grande sono state le persone.

Parlare con le persone che hanno avuto successo nel campo della comunicazione, e attraverso questa, nei più diversi ambiti della loro esistenza, mi è stato di incredibile aiuto e fonte in grande ispirazione.

Devo però dire che anche i colloqui con tutte le persone che hanno sperimentato problemi di comunicativi vario genere e natura (e che spero di aver aiutato) hanno avuto una grandissima importanza nel formare i concetti che stanno alla base di questo libro.

Tuttavia, posso affermare che una parte egualmente importante nella formazione delle opinioni e delle idee che avete potuto leggere è dovuta alla lettura e alla conoscenza della vita, delle opere e dei discorsi di quelli che sono stati i più grandi comunicatori della storia.

Molti dei principi, delle metodologie e delle tecniche per essere e divenire dei buoni comunicatori infatti mi sono stati ispirate da queste che sono le più grandi figure nel campo della comunicazione: da Martin Luther King famoso per i suoi memorabili discorsi durante le battaglie del Movimento per i diritti civili delle persone di colore negli Stati Uniti d'America, ad Abramo Lincoln i cui discorsi noti come la proclamazione dell'emancipazione e l'indirizzo di Gettysburg sono delle pietre miliari nella storia della comunicazione, a Winston Churchill per tutti i suoi discorsi durante la Seconda Guerra Mondiale che hanno contribuito a risollevare il morale di un popolo che stava per essere sopraffatto dal nazismo, a Nelson Mandela che lottò a favore del movimento anti-apartheid nel Sudafrica, pronunciando delle orazioni formidabili, al Mahatma Gandhi che promosse la disobbedienza civile non violenta a favore delle emancipazione dell'India dall'impero britannico, a Franklin Delano Roosevelt, per la sua abilità di comunicazione con gli americani durante la grande depressione e la Seconda Guerra Mondiale e per finire ultimo ma non ultimo, anzi forse primo di tutti e non solo per il criterio cronologico: Marco Tullio Cicerone, che fu il primo studioso, filosofo ed egli stesso grandissimo oratore, che teorizzò i principi del parlare in pubblico con efficacia.

Ricordate sempre che anche questi che sono stati a mio avviso i migliori comunicatori della storia non sono certamente nati con questa facoltà.

Comunicare in maniera efficace è un'abilità che, come ogni altra si acquisisce e ha, bisogno di essere esercitata attraverso la ripetizione costante e l'esperienza continua. Tutti possono essere dei grandi comunicatori, basta volerlo.

Vi auguro il meglio nel vostro viaggio attraverso questo affascinante mondo e mi auguro di risentirci presto, ma mi preme ricordarvi che prima interiorizzerete questi principi e inizierete a creare relazioni efficaci con le persone che sono importanti per voi, più felice più produttiva è più degna di essere vissuta sarà la vostra vita.

Infine, non pensate mai di essere arrivati, non sentitevi mai soddisfatti di quello che avete raggiunto, ma mirate sempre al meglio.

Tutti noi, ai giorni nostri abbiamo bisogno e dovremmo sempre mettere in pratica la nostra curiosità.

Pertanto, vi esorto vivamente a non fermarvi mai, e a non essere mai contenti di quello che avete già imparato e dei risultati che avete già raggiunto.

Dal canto mio spero di aver contribuito al raggiungimento della padronanza di quelle che nel titolo del libro ho definito "Tattiche di comunicazione", e attraverso queste al conseguimento di un piccolo o grande, ma significativo miglioramento nella vostra esperienza di vita di relazione nel complesso mondo che tutti noi ci troviamo a dover affrontare ogni giorno.

La stesura di questa guida è stata molto impegnativa per me e ha richiesto molte ore di lavoro, vi ringrazio nuovamente per aver scelto questo libro che spero sia stato utile e che abbia contribuito a migliorare almeno un po' la vostra vita di relazione.

Rimango a vostra disposizione nel caso aveste bisogno di ulteriori consigli e chiarimenti e vi prego, se volete, di comunicarmi le vostre impressioni, consigli suggerimenti.

Potete contattarmi all'indirizzo mail:
amatiautore1@gmail.com

Se avete apprezzato tutto quello che ho cercato di trasmettervi e, tanto per rimanere nel tema, di comunicarvi, vorrei pregarvi di rilasciare una vostra onesta e sincera recensione sul sito Amazon per questo lavoro all'indirizzo indicato dal QR code:

Si tratta di un piccolo gesto che a voi non costa nulla mentre invece per me ha una grandissima importanza, se vorrete farlo, ve ne sarò molto grato.